第1章

「地域に信頼される保育園になるための調査 ～保育園と地域とのかかわり状況を把握する～」

調査結果

JN224531

はじめに

　都内の認可保育園で構成される東京都社会福祉協議会保育部会の調査研究委員会では、「地域に信頼される保育園になるための調査」～保育園と地域とのかかわり状況を把握する～を実施いたしました。

　従来より各保育園では地域との関係を大切にし、自主的に様々な取り組みをしてきたところですが、サービス推進費地域子育て支援事業の実施により特定の活動が補助金化され、新たな子育て支援活動が加速されました。また、昨年改正された保育所保育指針でも、地域の保護者等に対する子育て支援の中で「保育所は、児童福祉法第 48 条の 4 の規定に基づき、その行う保育に支障がない限りにおいて、地域の実情や当該保育所の体制等を踏まえ、地域の保護者等に対して、保育所保育の専門性を生かした子育て支援を積極的に行うよう努めること」と謳われ、地域に向けた子育て支援は保育業務の一部となりました。同年、社会福祉法改正により定款例に「この法人は地域社会に貢献する取り組みとして子育世帯を支援するため無料又は低額な料金で福祉サービスを積極的に行うものとする」という条文が追加され、社会福祉法人の社会貢献の実施が明文化されました。さらに、委託費の弾力運用の中で、一定の要件を満たすことを条件に、子育て支援施設整備への充当や子ども子育て支援事業への支出が認められるようになりました（平成 29 年 4 月 6 日、府子本第 225 号、同 228 号）。

　このような社会背景の中、改めて保育園が行っている地域活動の現状と課題を調査し、今後の活動のための情報を共有したいと考えました。保育園では地域に向けてどんな活動を展開しているのか、困っていることは何か、活動の成果は何か、今後の課題は何かなど、多くの園の実際の取組みから学び、改めて自分の保育園の取組みを見直し、より地域から信頼される保育園を目指すための資料となるようにまとめました。また、公立・私立、都内・郊外、規模の大小、新設園など立場の違う 5 つの保育園から直接ヒアリングを行い、詳細な参考事例を掲載しました。更に、保育園が行っている様々な活動が外部からはどう見えているのか、私たちが気付かない支援があるのか、行き届いているのかを調査するために、地域の福祉推進者である民生児童委員からアンケートの協力により、多くの意見を頂くことが出来ました。

　今回、アンケート調査の作業を進めるにあたり、白梅学園大学　師岡章教授よりご指導をいただきました。東京都内でも待機児解消問題と少子化問題が混在し、直近には幼児教育無償化を控え先の見えにくい状況の中ですが、地域人材やネットワークなどあらゆる資源を駆使し、アンテナを張り、方向を見誤らぬように保育園を運営していくことが必要であると考えます。今回ご協力いただいた多くの関係者の方々に感謝するとともに、これらの内容が今後の保育園の地域活動の参考となり、更に地域に必要とされる保育園となるための資料となれば幸いです。

東京都社会福祉協議会保育部会

調査研究委員会委員長　橋本富明

東京都社会福祉協議会　保育部会　調査研究委員会
「地域に信頼される保育園になるための調査
〜保育園と地域とのかかわり状況を把握する〜」調査報告書
目　　次

はじめに

注釈

注1：文中の「保育園」とは、認定こども園を含む。

注2：「民生児童委員」は、民生委員法に基づき、厚生労働大臣が委嘱する非常勤の地方公務員（特別職）で、給与の支給はなく、ボランティアとして活動している（任期は3年）。社会奉仕の精神をもって常に住民の立場に立って相談に応じる、社会福祉の増進に熱意があるなど民生委員法に規定された要件を満たす住民が、区市町村に設置された民生委員推薦会、都知事、厚生労働大臣へと推薦される。また、民生委員は、児童福祉法に定める児童委員を兼ねているため「民生児童委員」と略して表記することがある。全国では約23万人、東京では1万人の民生児童委員が活動している。民生児童委員は担当する区域が定められており、都内では1人の委員が、平均640世帯を担当している。

自らも地域住民の一員として、担当の区域においてひとり暮らし高齢者等の訪問や見守り、子どもたちへの声掛けなどを行っている。地域の身近な相談相手として、住民の立場に立ち、一人ひとりに寄り添いながら、健康や介護の悩み、妊娠や子育ての不安、失業や経済的困窮による生活上の困難など、さまざまな相談に応じている。相談内容に応じて必要な支援が受けられるよう、地域の専門機関とのつなぎ役にもなっている。

主任児童委員は、子どもや子育てに関する支援を専門に担当する民生児童委員で、担当区域を持たず単位民児協に複数名配置されており、区域担当の民生児童委員と連携しながら子育て支援活動や児童健全育成活動などに取り組んでいる。都内では、約800人の主任児童委員がいる。 （東京都民生児童委員連合会HPより）

注3：「地域包括支援センター」は、住民の健康の保持および生活の安定のために必要な援助を行うことにより、地域の住民を包括的に支援することを目的に、平成18年施行の改正介護保険法により創設された施設。市町村が設置主体となり、日常生活圏域（概ね人口2〜3万人に1か所が目安）への設置が推進された。平成29年4月現在、すべての市町村に1か所以上、全国に5,041か所設置されており、その数は毎年微増している。地域包括支援センターには、保健師、社会福祉士、主任介護支援専門員等の専門職が配置され、地域において公正・中立的な立場から、以下のような業務を通じて、高齢者等の地域を支える中核的な機関として取り組みを行っている。

主な業務は、①住民の各種相談を幅広く受け付けて、制度横断的な支援を行う「総合相談支援業務」②成年後見制度の活用促進や高齢者虐待への対応など「権利擁護」③「地域ケア会議」等を通じた自立支援型ケアマネジメントの支援や地域のケアマネジャーへの日常的個別指導・相談等を行う「包括的・継続的ケアマネジメント支援」④要支援・要介護状態になる可能性のある方に対する介護予防ケアプランの作成等を行う「介護予防ケアマネジメント」である。 （全国社会福祉協議会HPより）

注４：このアンケート調査では、残余財産等による社会福祉法人の地域貢献事業についての調査は含まれていない。保育園が現在、自主的に行っている地域子育て支援活動について調査している。

注５：「地域子ども・子育て支援事業」は、子ども・子育て支援法第59条において、市町村は、子ども・子育て家庭等を対象とする事業として、市町村子ども・子育て支援事業計画に従って、以下の事業を実施することとされている。国または都道府県は同法に基づき、事業を実施するために必要な経費を充てるため、交付金を交付することができ、その費用負担割合は、国・都道府県・市町村それぞれ1/3とされている（妊婦健診を除く）。
　①利用者支援事業　②延長保育事業　③実費徴収に係る補足給付を行う事業
　④多様な事業者の参入を促進する事業　⑤放課後児童健全育成事業
　⑥子育て短期支援事業　⑦乳幼児全戸訪問事業　⑧養育支援訪問・要支援児童・要保護児童等の支援に資する事業　⑨地域子育て支援拠点事業　⑩一時預かり事業　⑪病後児保育事業　⑫子育て支援活動支援事業　⑬妊婦検診

注６：「公益事業」「地域における公益的な取組」
　社会福祉法人は、社会福祉事業(第一種、第二種)を行うことを目的として、社会福祉法に基づき設立した法人であるが、社会福祉事業と関係のある公益を目的とする事業を従たる事業として実施することができる。
　平成28年4月1日施行(一部は平成29年4月1日施行)の社会福祉法において、「地域における公益的な取組を実施する責務」（社会福祉事業及び公益事業を行うに当たって、無料又は低額な料金で福祉サービスを提供することを責務とする）が規定されている。また、同改正において、社会福祉充実残額を有する場合には、社会福祉事業又は公益事業の新規実施・拡充に係る計画の作成が義務づけられた。

Ⅰ　アンケート調査のあらまし

1　調査対象　　東京都社会福祉協議会　保育部会　会員施設

2　配布施設数　1,342 施設
　　　　　　　　区部（822 園）、市町村部（520 園）

3　回収状況　　511 施設（38.1%）
　　　　　　　　区部（328 園）、市町村部（183 園）

4　調査項目
　① 地域住民や地域の関係機関とのかかわりに関する考え
　② 地域住民や地域の関係機関とのかかわりの有無について
　③ 最も重視している活動
　④ 活動内容の全般的な状況について
　⑤ 地域住民や地域の関係機関とのかかわりについての意見

5　実施方法　　郵送による実施、郵送・メール・FAX・WEB による回収

6　実施時期　　平成 30 年 1 月 23 日～2 月 28 日

7　ヒアリング調査
　　調査結果に基づき、「最も重視している活動」やその目的について、調査研究委員会で協
　議し選出した 5 園にヒアリング調査を行った。

Ⅱ　回答園の概要

1　施設形態

施設形態の回答は、公立が189園（37.0％）、私立が284園（55.6％）であった。

内容	N=511	
	園数	％
公立	189	37.0%
私立	284	55.6%
公設民営	32	6.3%
未回答・無効回答	6	1.2%
合計	511	100.0%

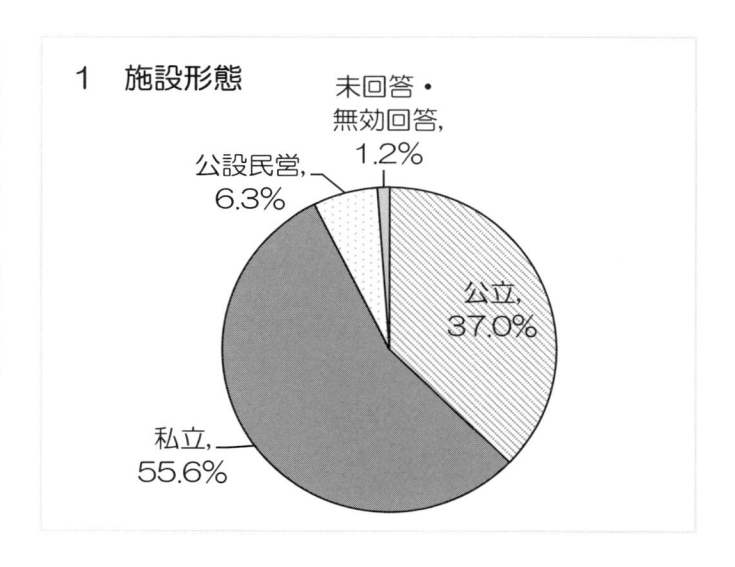

1　施設形態

2　所在地

所在地の回答では、区部が328園（64.2％）、市町村部183園（35.8％）であった。

内容	N=511	
	園数	％
区部	328	64.2%
市町村部	183	35.8%
合計	511	100.0%

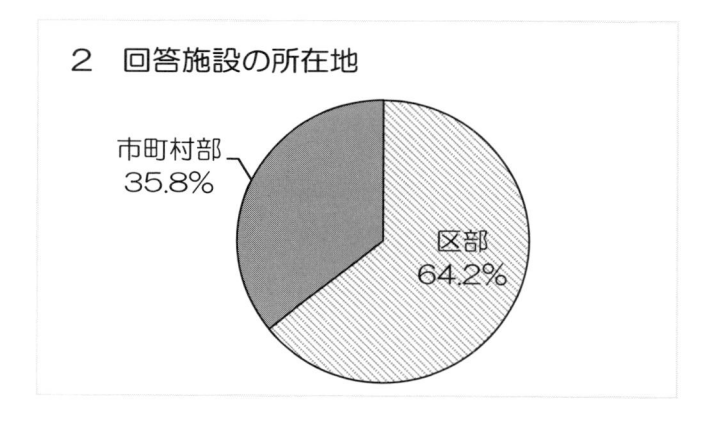

2　回答施設の所在地

3　園周辺の地域の特性

園周辺の環境では、住宅地帯が325園（63.6%）と大多数を占めた。

内容	N=511	
	園数	%
住宅地帯	325	63.6%
集合住宅	85	16.6%
商業地帯	20	3.9%
工業地帯	3	0.6%
山間部	5	1.0%
人口減少エリア	7	1.4%
その他	5	1.0%
未回答・無効回答	61	11.9%
合計	511	100.0%

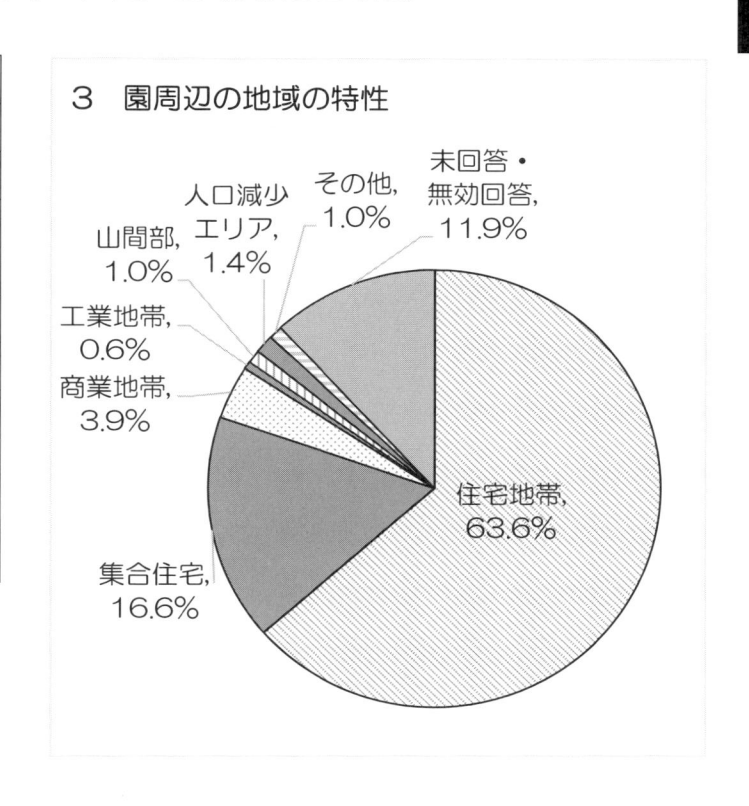

4　回答施設の規模（園児定員）

定員別の回答では、101人以上が286園（56.0%）、51〜100人が202園（39.5%）であった。

内容	N=511	
	園数	%
50人以下	23	4.5%
51〜100人	202	39.5%
101人以上	286	56.0%
合計	511	100.0%

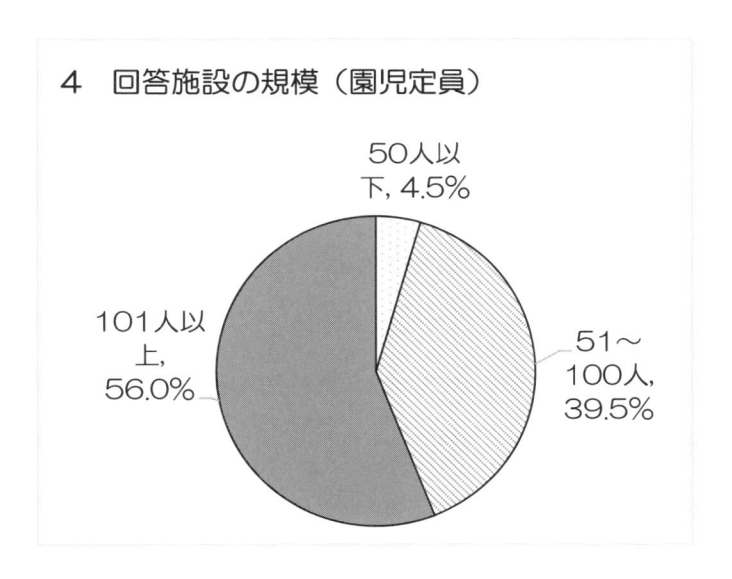

5 回答施設の開設年

開設年の回答では、1961～1980年が222園（43.4%）で最多であった。

内容	N=511	
	園数	%
1960年以前	78	15.3%
1961～1980年	222	43.4%
1981～2000年	35	6.8%
2001～2010年	61	11.9%
2011年以降	86	16.8%
未回答・無効回答	29	5.7%
合計	511	100.0%

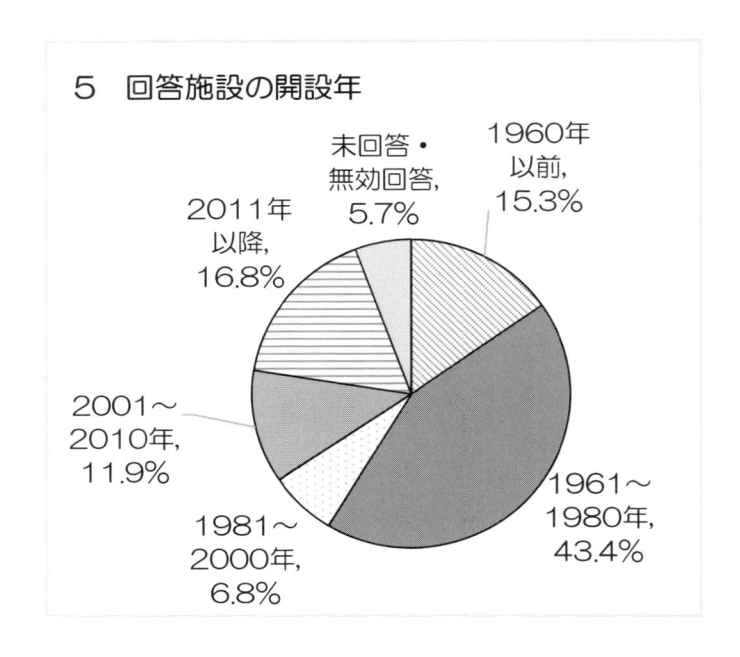

6 記入者

記入者の回答では、園長（所長）が366園（71.6%）で最多であった。

内容	N=511	
	園数	%
園長（所長）	366	71.6%
副園長	49	9.6%
主任	56	11.0%
副主任	4	0.8%
担任	4	0.8%
その他	23	4.5%
未回答・無効回答	9	1.8%
合計	511	100.0%

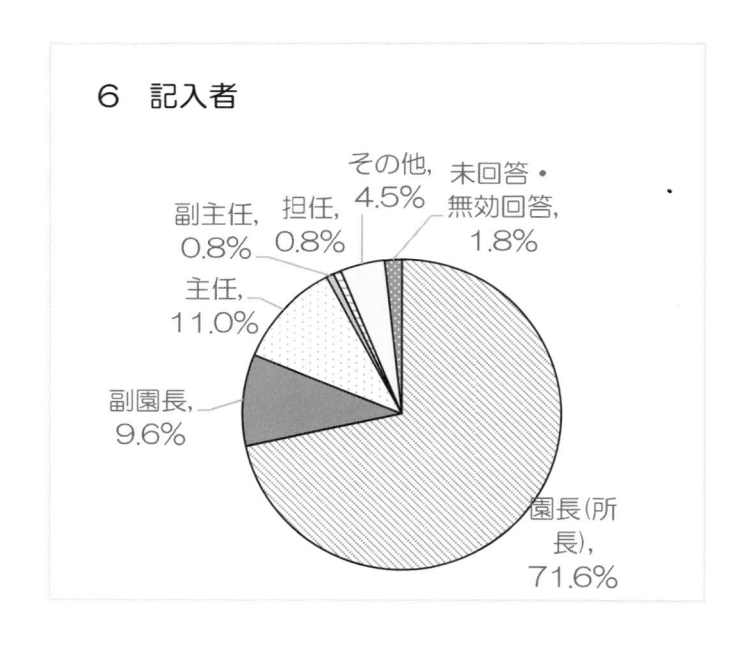

Ⅲ　調査結果

1　地域住民や地域の関係機関とのかかわりについて

①地域住民や地域の関係機関とのかかわりに関する考えについて

　「とても重要視している」、「重要視している」と回答した園を合わせると 100%に近かった。園児数、開設年、設置主体による差はみられない。

内容	N=511	
	園数	%
とても重要視している	229	44.8%
重要視している	272	53.2%
あまり重要視していない	5	1.0%
重要視していない	0	0.0%
未回答・無効回答	5	1.0%
合計	511	100.0%

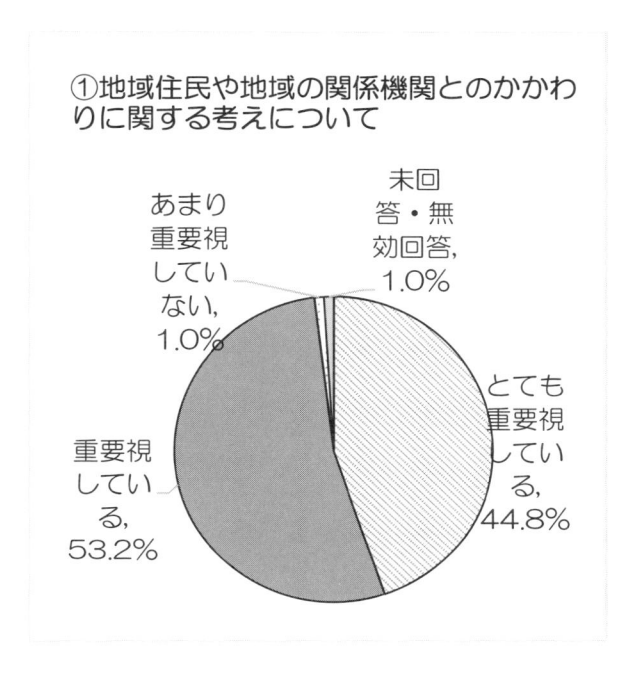

①地域住民や地域の関係機関とのかかわりに関する考えについて

【規模別】

内容	小規模（～50名）		中規模（51～100名）		大規模（101名～）	
	園数	%	園数	%	園数	%
とても重要視している	12	52.2%	89	44.1%	128	44.8%
重要視している	11	47.8%	109	54.0%	152	53.1%
あまり重要視していない	0	0.0%	2	1.0%	3	1.0%
重要視していない	0	0.0%	0	0.0%	0	0.0%
未回答・無効回答	0	0.0%	2	1.0%	3	1.0%
合計	23	100.0%	202	100.0%	286	100.0%

【開設年別】

内容	1960年以前		1961～1980年		1981～2000年		2001～2010年		2011年以降	
	園数	%	園数	%	園数	%	園数	%	園数	%
とても重要視している	37	47.4%	92	41.4%	16	45.7%	33	54.1%	38	44.2%
重要視している	38	48.7%	126	56.8%	19	54.3%	28	45.9%	46	53.5%
あまり重要視していない	2	2.6%	1	0.5%	0	0.0%	0	0.0%	1	1.2%
重要視していない	0	0.0%	0	0.0%	0	0.0%	0	0.0%	0	0.0%
未回答・無効回答	1	1.3%	3	1.4%	0	0.0%	0	0.0%	1	1.2%
合計	78	100.0%	222	100.0%	35	100.0%	61	100.0%	86	100.0%

【設置主体別】

内容	公立		私立		公設民営	
	園数	%	園数	%	園数	%
とても重要視している	81	42.9%	130	45.8%	13	40.6%
重要視している	105	55.5%	147	51.8%	19	59.4%
あまり重要視していない	1	0.5%	4	1.4%	0	0.0%
重要視していない	0	0.0%	0	0.0%	0	0.0%
未回答・無効回答	2	1.1%	3	1.1%	0	0.0%
合計	189	100.0%	284	100.0%	32	100.0%

②地域住民や地域の関係機関とのかかわりの有無について

「地域住民や地域の関係機関とのかかわりはある」と答えた保育園がほぼ 100%に近かった。園児数、開設年、設置主体による差はみられない。

内容	N=511	
	園数	%
かかわりはある	506	99.0%
かかわりはない	5	1.0%
未回答・無効回答	0	0.0%
合計	511	100.0%

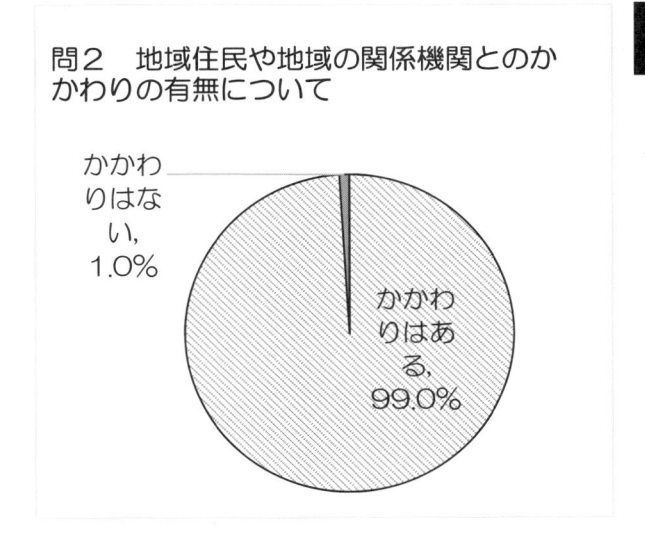

問2　地域住民や地域の関係機関とのかかわりの有無について

Ⅲ

【規模別】

内容	小規模（〜50名）		中規模（51〜100名）		大規模（101名〜）	
	園数	%	園数	%	園数	%
かかわりはある	23	100.0%	198	98.0%	285	99.7%
かかわりはない	0	0.0%	4	2.0%	1	0.3%
未回答・無効回答	0	0.0%	0	0.0%	0	0.0%
合計	23	100.0%	202	100.0%		

【開設年別】

内容	1960年以前		1961〜1980年		1981〜2000年		2001〜2010年		2011年以降	
	園数	%	園数	%	園数	%	園数	%	園数	%
かかわりはある	78	100.0%	221	99.5%	35	100.0%	61	100.0%	83	96.5%
かかわりはない	0	0.0%	1	0.5%	0	0.0%	0	0.0%	3	3.5%
未回答・無効回答	0	0.0%	0	0.0%	0	0.0%	0	0.0%	0	0.0%
合計	78	100.0%	222	100.0%	35	100.0%	61	100.0%	86	100.0%

【設置主体別】

内容	公立		私立		公設民営	
	園数	%	園数	%	園数	%
かかわりはある	187	98.9%	281	98.9%	32	100.0%
かかわりはない	2	1.1%	3	1.1%	0	0.0%
未回答・無効回答	0	0.0%	0	0.0%	0	0.0%
合計	189	100.0%	284	100.0%	32	100.0%

2 地域とのかかわりがある園の概要

「地域とのかかわりがある」と回答した506園に対し、地域とのかかわりの現状をきいたところ、以下の結果が得られた。

①園が行っている地域住民や地域の関係機関とのかかわりの現状について

「とてもできている」「できている」を合わせると約77%である。園児数、開設年、設置主体による差はみられない。

内容	N=506	
	園数	％
とてもできている	37	7.3%
できている	354	70.0%
あまりできていない	75	14.8%
できていない	0	0.0%
未回答・無効回答	40	7.9%
合計	506	100.0%

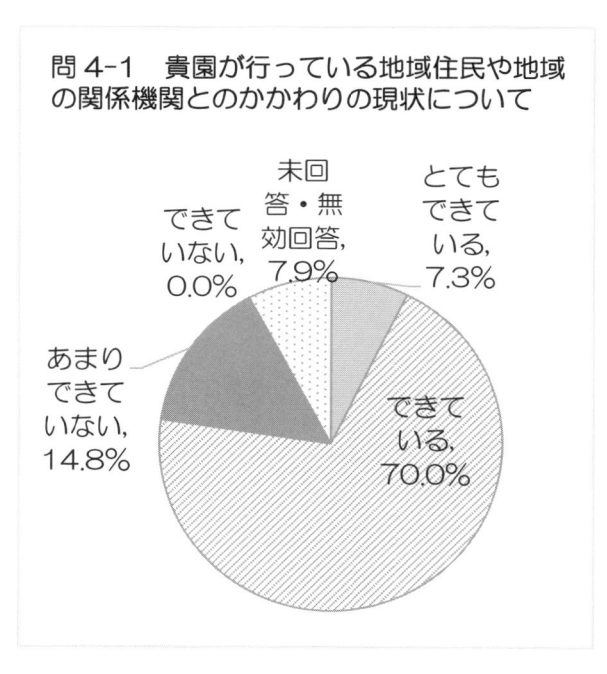

問4-1　貴園が行っている地域住民や地域の関係機関とのかかわりの現状について

【規模別】

内容	小規模（～50名）		中規模（51～100名）		大規模（101名～）	
	園数	％	園数	％	園数	％
とてもできている	0	0.0%	19	9.6%	18	6.3%
できている	18	78.3%	135	68.2%	201	70.5%
あまりできていない	4	17.4%	27	13.6%	44	15.4%
できていない	0	0.0%	0	0.0%	0	0.0%
未回答・無効回答	1	4.3%	17	8.6%	22	7.7%
合計	23	100.0%	198	100.0%	285	100.0%

【開設年別】

内容	1960年以前		1961～1980年		1981～2000年		2001～2010年		2011年以降	
	園数	％	園数	％	園数	％	園数	％	園数	％
とてもできている	5	6.4%	16	8.0%	2	5.7%	8	14.0%	4	4.8%
できている	56	71.8%	152	75.6%	27	77.1%	43	75.4%	54	65.1%
あまりできていない	12	15.4%	33	16.4%	4	11.4%	6	10.5%	18	21.7%
できていない	0	0.0%	0	0.0%	0	0.0%	0	0.0%	0	0.0%
未回答・無効回答	5	6.4%	20	10.0%	2	5.7%	4	7.0%	7	8.4%
合計	78	100.0%	201	100.0%	35	100.0%	57	100.0%	83	100.0%

【設置主体別】

内容	公立		私立		公設民営	
	園数	％	園数	％	園数	％
とてもできている	12	6.4%	23	8.2%	2	6.3%
できている	138	73.8%	188	66.9%	24	75.0%
あまりできていない	20	10.7%	50	17.8%	5	15.6%
できていない	0	0.0%	0	0.0%	0	0.0%
未回答・無効回答	17	9.1%	20	7.1%	1	3.1%
合計	187	100.0%	281	100.0%	32	100.0%

Ⅲ

②園が行っている地域住民や地域の関係機関とのかかわりとして実施している活動内容について（複数回答可）

活動内容として「次世代育成支援活動」を行っている園が90％を超え、園児数、開設年、設置主体による差は見られない。

ほとんどの内容について半数以上の園が取り組んでいるが、「B.地域の保護者同士の交流」は43.7％と一番低い値であった。

内容	N=506	
	園数	％
A.未就園の乳幼児への保育提供	432	85.4%
B.地域の保護者同士の交流	221	43.7%
C.地域の保護者への相談・助言	362	71.5%
D.地域の子育て力向上への貢献	287	56.7%
E.世代間交流活動	339	67.0%
F.次世代育成支援活動	468	92.5%
G.地域の様々な社会資源との連携	260	51.4%
H.保育の内容に関する情報発信	445	87.9%
I.地域の行事や様々な文化との交流	279	55.1%
J.児童虐待防止活動	328	64.8%
K.危機管理の体制づくり	335	66.2%
L.その他	61	12.1%
未回答・無効回答	2	0.4%
合計	3,819	－

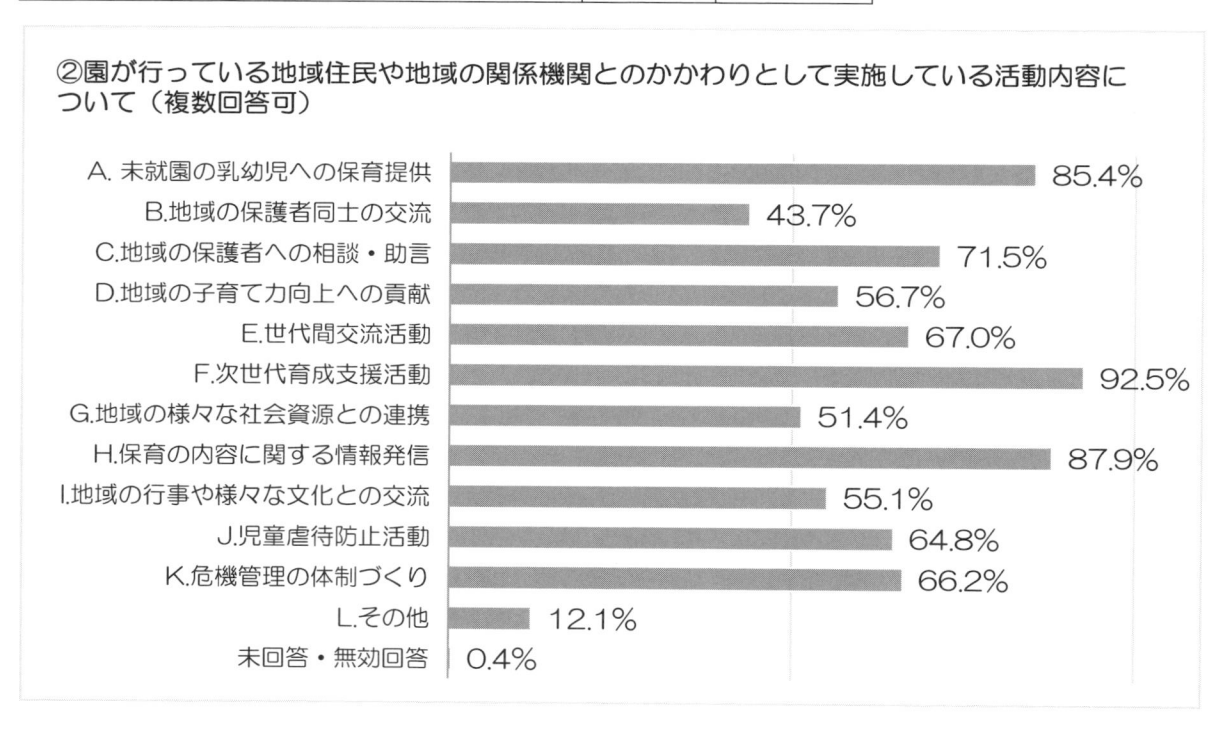

②園が行っている地域住民や地域の関係機関とのかかわりとして実施している活動内容について（複数回答可）

- A. 未就園の乳幼児への保育提供 85.4%
- B.地域の保護者同士の交流 43.7%
- C.地域の保護者への相談・助言 71.5%
- D.地域の子育て力向上への貢献 56.7%
- E.世代間交流活動 67.0%
- F.次世代育成支援活動 92.5%
- G.地域の様々な社会資源との連携 51.4%
- H.保育の内容に関する情報発信 87.9%
- I.地域の行事や様々な文化との交流 55.1%
- J.児童虐待防止活動 64.8%
- K.危機管理の体制づくり 66.2%
- L.その他 12.1%
- 未回答・無効回答 0.4%

【規模別】

内容	小規模（～50名）		中規模（51～100名）		大規模（101名～）	
	園数	%	園数	%	園数	%
A.未就園の乳幼児への保育提供	15	65.2%	166	83.8%	251	88.1%
B.地域の保護者同士の交流	8	34.8%	80	40.4%	133	46.7%
C.地域の保護者への相談・助言	15	65.2%	144	72.7%	203	71.2%
D.地域の子育て力向上への貢献	14	60.9%	108	54.5%	165	57.9%
E.世代間交流活動	13	56.5%	137	69.2%	189	66.3%
F.次世代育成支援活動	18	78.3%	182	91.9%	268	94.0%
G.地域の様々な社会資源との連携	10	43.5%	103	52.0%	147	51.6%
H.保育の内容に関する情報発信	19	82.6%	177	89.4%	249	87.4%
I.地域の行事や様々な文化との交流	5	21.7%	123	62.1%	151	53.0%
J.児童虐待防止活動	8	34.8%	134	67.7%	186	65.3%
K.危機管理の体制づくり	12	52.2%	132	66.7%	191	67.0%
L.その他	1	4.3%	30	15.2%	30	10.5%
未回答・無効回答	0	0.0%	1	0.5%	1	0.4%
合計	138	－	1517	－	2164	－

【開設年別】

内容	1960年以前		1961～1980年		1981～2000年		2001～2010年		2011年以降	
	園数	%	園数	%	園数	%	園数	%	園数	%
A.未就園の乳幼児への保育提供	63	80.8%	195	88.2%	30	85.7%	54	88.5%	65	78.3%
B.地域の保護者同士の交流	28	35.9%	84	38.0%	13	37.1%	38	62.3%	49	59.0%
C.地域の保護者への相談・助言	48	61.5%	163	73.8%	25	71.4%	46	75.4%	58	69.9%
D.地域の子育て力向上への貢献	47	60.3%	119	53.8%	18	51.4%	46	75.4%	40	48.2%
E.世代間交流活動	54	69.2%	140	63.3%	24	68.6%	53	86.9%	47	56.6%
F.次世代育成支援活動	74	94.9%	210	95.0%	33	94.3%	58	95.1%	68	81.9%
G.地域の様々な社会資源との連携	41	52.6%	107	48.4%	24	68.6%	36	59.0%	35	42.2%
H.保育の内容に関する情報発信	62	79.5%	198	89.6%	32	91.4%	57	93.4%	71	85.5%
I.地域の行事や様々な文化との交流	57	73.1%	107	48.4%	22	62.9%	37	60.7%	43	51.8%
J.児童虐待防止活動	47	60.3%	145	65.6%	27	77.1%	41	67.2%	49	59.0%
K.危機管理の体制づくり	48	61.5%	155	70.1%	26	74.3%	37	60.7%	48	57.8%
L.その他	12	15.4%	24	10.9%	3	8.6%	10	16.4%	9	10.8%
未回答・無効回答	0	0.0%	1	0.5%	0	0.0%	0	0.0%	1	1.2%
合計	581	－	1648	－	277	－	513	－	583	－

Ⅲ

【設置主体別】

内容	公立		私立		公設民営	
	園数	％	園数	％	園数	％
A.未就園の乳幼児への保育提供	169	90.4%	228	81.1%	30	93.8%
B.地域の保護者同士の交流	73	39.0%	129	45.9%	14	43.8%
C.地域の保護者への相談・助言	153	81.8%	181	64.4%	25	78.1%
D.地域の子育て力向上への貢献	95	50.8%	174	61.9%	14	43.8%
E.世代間交流活動	109	58.3%	204	72.6%	21	65.6%
F.次世代育成支援活動	176	94.1%	259	92.2%	28	87.5%
G.地域の様々な社会資源との連携	101	54.0%	137	48.8%	19	59.4%
H.保育の内容に関する情報発信	168	89.8%	244	86.8%	28	87.5%
I.地域の行事や様々な文化との交流	88	47.1%	168	59.8%	18	56.3%
J.児童虐待防止活動	132	70.6%	173	61.6%	20	62.5%
K.危機管理の体制づくり	151	80.7%	160	56.9%	20	62.5%
L.その他	22	11.8%	36	12.8%	3	9.4%
未回答・無効回答	0	0.0%	2	0.7%	0	0.0%
合計	1437	−	2095	−	240	−

③園が行っている地域住民や地域の関係機関とのかかわりとして実施している活動内容の
うち代表的な活動内容について

　「未就園の乳幼児への保育提供」が代表的な活動内容となり、園児数、開設年、設置主
体による差は見られない。

内容	N=506	
	園数	％
A．未就園の乳幼児への保育提供	142	28.1%
B.地域の保護者同士の交流	48	9.5%
C.地域の保護者への相談・助言	12	2.4%
D.地域の子育て力向上への貢献	34	6.7%
E.世代間交流活動	37	7.3%
F.次世代育成支援活動	36	7.1%
G.地域の様々な社会資源との連携	5	1.0%
H.保育の内容に関する情報発信	11	2.2%
I.地域の行事や様々な文化との交流	20	4.0%
J.児童虐待防止活動	3	0.6%
K.危機管理の体制づくり	7	1.4%
L.その他	10	2.0%
未回答・無効回答	141	27.9%
合計	506	100%

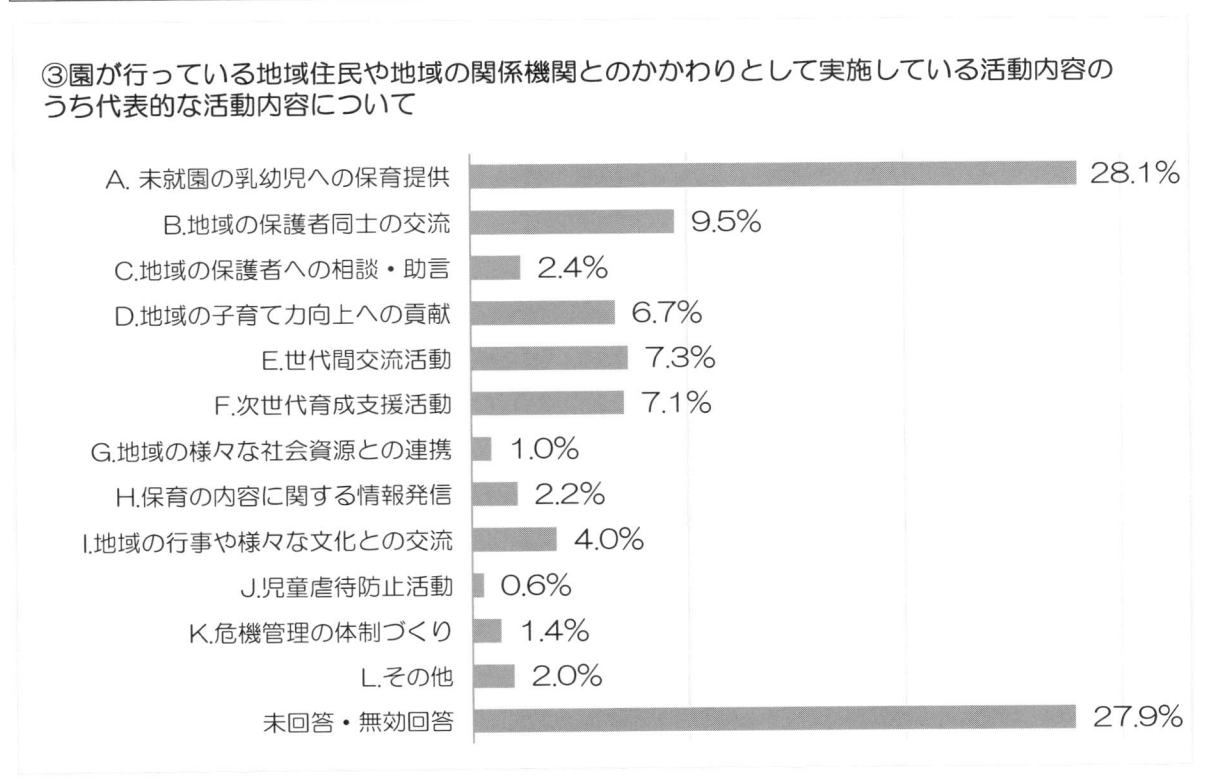

③園が行っている地域住民や地域の関係機関とのかかわりとして実施している活動内容の
うち代表的な活動内容について

【規模別】

内容	小規模（～50名）		中規模（51～100名）		大規模（101名～）	
	園数	％	園数	％	園数	％
A.未就園の乳幼児への保育提供	5	21.7%	59	29.8%	78	27.4%
B.地域の保護者同士の交流	3	13.0%	14	7.1%	31	10.9%
C.地域の保護者への相談・助言	1	4.3%	3	1.5%	8	2.8%
D.地域の子育て力向上への貢献	2	8.7%	6	3.0%	26	9.1%
E.世代間交流活動	2	8.7%	16	8.1%	19	6.7%
F.次世代育成支援活動	2	8.7%	17	8.6%	17	6.0%
G.地域の様々な社会資源との連携	1	4.3%	3	1.5%	1	0.4%
H.保育の内容に関する情報発信	2	8.7%	5	2.5%	4	1.4%
I.地域の行事や様々な文化との交流	1	4.3%	7	3.5%	12	4.2%
J.児童虐待防止活動	0	0.0%	2	1.0%	1	0.4%
K.危機管理の体制づくり	0	0.0%	5	2.5%	2	0.7%
L.その他	0	0.0%	4	2.0%	6	2.1%
未回答・無効回答	4	22.2%	57	28.8%	80	28.1%
合計	23	100.0%	198	100.0%	285	100.0%

【開設年別】

内容	1960年以前		1961～1980年		1981～2000年		2001～2010年		2011年以降	
	園数	％	園数	％	園数	％	園数	％	園数	％
A.未就園の乳幼児への保育提供	27	34.6%	56	25.3%	8	22.9%	20	32.8%	22	26.5%
B.地域の保護者同士の交流	7	9.0%	18	8.1%	3	8.6%	6	9.8%	14	16.9%
C.地域の保護者への相談・助言	1	1.3%	6	2.7%	0	0.0%	1	1.6%	1	1.2%
D.地域の子育て力向上への貢献	4	5.1%	18	8.1%	1	2.9%	3	4.9%	6	7.2%
E.世代間交流活動	8	10.3%	14	6.3%	3	8.6%	6	9.8%	3	3.6%
F.次世代育成支援活動	3	3.8%	21	9.5%	3	8.6%	4	6.6%	5	6.0%
G.地域の様々な社会資源との連携	0	0.0%	4	1.8%	1	2.9%	0	0.0%	0	0.0%
H.保育の内容に関する情報発信	2	2.6%	5	2.3%	0	0.0%	1	1.6%	2	2.4%
I.地域の行事や様々な文化との交流	7	9.0%	6	2.7%	2	5.7%	1	1.6%	3	3.6%
J.児童虐待防止活動	0	0.0%	1	0.5%	0	0.0%	0	0.0%	1	1.2%
K.危機管理の体制づくり	0	0.0%	4	1.8%	0	0.0%	0	0.0%	3	3.6%
L.その他	1	1.3%	4	1.8%	0	0.0%	4	6.6%	1	1.2%
未回答・無効回答	18	23.1%	64	29.0%	14	40.0%	15	24.6%	22	26.5%
合計	78	100.0%	221	100.0%	35	100.0%	61	100.0%	83	100.0%

【設置主体別】

内容	公立		私立		公設民営	
	園数	%	園数	%	園数	%
A.未就園の乳幼児への保育提供	54	28.9%	76	27.0%	11	34.4%
B.地域の保護者同士の交流	17	9.1%	27	9.6%	4	12.5%
C.地域の保護者への相談・助言	9	4.8%	3	1.1%	0	0.0%
D.地域の子育て力向上への貢献	10	5.3%	21	7.5%	2	6.3%
E.世代間交流活動	14	7.5%	20	7.1%	1	3.1%
F.次世代育成支援活動	11	5.9%	25	8.9%	0	0.0%
G.地域の様々な社会資源との連携	1	0.5%	3	1.1%	1	3.1%
H.保育の内容に関する情報発信	5	2.7%	6	2.1%	0	0.0%
I.地域の行事や様々な文化との交流	4	2.1%	15	5.3%	0	0.0%
J.児童虐待防止活動	0	0.0%	3	1.1%	0	0.0%
K.危機管理の体制づくり	4	2.1%	3	1.1%	0	0.0%
L.その他	4	2.1%	5	1.8%	1	3.1%
未回答・無効回答	54	28.9%	74	26.3%	12	37.5%
合計	187	100.0%	281	100.0%	32	100.0%

Ⅲ

④園が行っている地域住民や地域の関係機関とのかかわりとして実施している活動における協力・連携先（複数回答可）

　活動内容によって関係機関は異なっているが、A～Dの活動では活動の対象としている地域子育て家庭とのかかわりが 45％程度と最も高く、次いで行政・役所が高い状況がみられる。E世代間交流活動では、社会福祉施設、F次世代育成支援活動では、小中高大学等との連携が高い割合を占めている。J児童虐待防止活動では、児童相談所、行政・役所とのかかわりが高くなっている。

内容	①他の保育園・こども園	②幼稚園	③児童館	④小中高大学等	⑤保健所・保健センター	⑥児童相談所	⑦福祉事務所	⑧社会福祉施設	⑨民生児童委員	⑩NPO、ボランティア団体	⑪子育てサークル
A.未就園の乳幼児への保育提供	54	20	54	6	21	2	5	6	2	8	9
B.地域の保護者同士の交流	16	8	19	1	10	0	2	2	8	12	11
C.地域の保護者への相談・助言	13	8	26	1	39	8	2	6	8	3	6
D.地域の子育て力向上への貢献	15	8	33	5	17	0	1	4	2	6	7
E.世代間交流活動	1	12	1	8	4	0	2	191	11	9	0
F.次世代育成支援活動	5	10	6	375	2	0	0	2	1	15	1
G.地域の様々な社会資源との連携	13	8	18	46	7	4	2	12	9	73	14
H.保育の内容に関する情報発信	51	45	60	72	22	1	2	10	14	6	6
I.地域の行事や様々な文化との交流	16	12	23	32	2	2	0	11	12	8	0
J.児童虐待防止活動	17	24	12	21	91	174	36	15	76	2	1
K.危機管理の体制づくり	27	14	12	45	8	0	0	5	4	5	0
L.その他	19	9	4	12	1	1	0	2	5	1	1
合計	247	178	268	624	224	192	52	266	152	148	56

内容	⑫町内会等の自治会	⑬社会福祉協議会	⑭行政・役所	⑮警察署・消防署	⑯医療機関	⑰商店・企業	⑱地域子育て家庭	⑲一般住民	⑳その他	未回答
A.未就園の乳幼児への保育提供	13	1	73	2	3	2	197	51	19	95
B.地域の保護者同士の交流	6	3	39	3	0	1	100	18	12	46
C.地域の保護者への相談・助言	8	2	57	0	15	3	165	34	10	91
D.地域の子育て力向上への貢献	10	3	39	1	5	3	127	27	15	65
E.世代間交流活動	61	7	7	1	6	10	3	26	40	42
F.次世代育成支援活動	3	24	27	0	0	1	7	4	7	69
G.地域の様々な社会資源との連携	19	46	15	4	3	8	17	22	8	45
H.保育の内容に関する情報発信	42	3	128	2	29	15	93	72	41	109
I.地域の行事や様々な文化との交流	156	8	27	7	0	24	22	36	25	42
J.児童虐待防止活動	5	13	155	27	21	0	3	1	26	40
K.危機管理の体制づくり	62	1	87	212	10	6	5	10	10	46
L.その他	8	5	8	3	3	7	3	2	6	16
合計	393	116	662	262	95	80	742	303	219	706

内容	①他の保育園・こども園	②幼稚園	③児童館	④小中高大学等	⑤保健所・保健センター	⑥児童相談所	⑦福祉事務所	⑧社会福祉施設	⑨民生児童委員	⑩NPO、ボランティア団体	⑪子育てサークル
A.未就園の乳幼児への保育提供	12.5%	4.6%	12.5%	1.4%	4.9%	0.5%	1.2%	1.4%	0.5%	1.9%	2.1%
B.地域の保護者同士の交流	7.2%	3.6%	8.6%	0.5%	4.5%	0.0%	0.9%	0.9%	3.6%	5.4%	5.0%
C.地域の保護者への相談・助言	3.6%	2.2%	7.2%	0.3%	10.8%	2.2%	0.6%	1.7%	2.2%	0.8%	1.7%
D.地域の子育て力向上への貢献	5.2%	2.8%	11.5%	1.7%	5.9%	0.0%	0.3%	1.4%	0.7%	2.1%	2.4%
E.世代間交流活動	0.3%	3.5%	0.3%	2.4%	1.2%	0.0%	0.6%	56.3%	3.2%	2.7%	0.0%
F.次世代育成支援活動	1.1%	2.1%	1.3%	80.1%	0.4%	0.0%	0.0%	0.4%	0.2%	3.2%	0.2%
G.地域の様々な社会資源との連携	5.0%	3.1%	6.9%	17.7%	2.7%	1.5%	0.8%	4.6%	3.5%	28.1%	5.4%
H.保育の内容に関する情報発信	11.5%	10.1%	13.5%	16.2%	4.9%	0.2%	0.4%	2.2%	3.1%	1.3%	1.3%
I.地域の行事や様々な文化との交流	5.7%	4.3%	8.2%	11.5%	0.7%	0.7%	0.0%	3.9%	4.3%	2.9%	0.0%
J.児童虐待防止活動	5.2%	7.3%	3.7%	6.4%	27.7%	53.0%	11.0%	4.6%	23.2%	0.6%	0.3%
K.危機管理の体制づくり	8.1%	4.2%	3.6%	13.4%	2.4%	0.0%	0.0%	1.5%	1.2%	1.5%	0.0%
L.その他	31.1%	14.8%	6.6%	19.7%	1.6%	1.6%	0.0%	3.3%	8.2%	1.6%	1.6%
合計	6.5%	4.7%	7.0%	16.3%	5.9%	5.0%	1.4%	7.0%	4.0%	3.9%	1.5%

内容	⑫町内会等の自治会	⑬社会福祉協議会	⑭行政・役所	⑮警察署・消防署	⑯医療機関	⑰商店・企業	⑱地域子育て家庭	⑲一般住民	⑳その他	未回答
A.未就園の乳幼児への保育提供	3.0%	0.2%	16.9%	0.5%	0.7%	0.5%	45.6%	11.8%	4.4%	22.0%
B.地域の保護者同士の交流	2.7%	1.4%	17.6%	1.4%	0.0%	0.5%	45.2%	8.1%	5.4%	20.8%
C.地域の保護者への相談・助言	2.2%	0.6%	15.7%	0.0%	4.1%	0.8%	45.6%	9.4%	2.8%	25.1%
D.地域の子育て力向上への貢献	3.5%	1.0%	13.6%	0.3%	1.7%	1.0%	44.3%	9.4%	5.2%	22.6%
E.世代間交流活動	18.0%	2.1%	2.1%	0.3%	1.8%	2.9%	0.9%	7.7%	11.8%	12.4%
F.次世代育成支援活動	0.6%	5.1%	5.8%	0.0%	0.0%	0.2%	1.5%	0.9%	1.5%	14.7%
G.地域の様々な社会資源との連携	7.3%	17.7%	5.8%	1.5%	1.2%	3.1%	6.5%	8.5%	3.1%	17.3%
H.保育の内容に関する情報発信	9.4%	0.7%	28.8%	0.4%	6.5%	3.4%	20.9%	16.2%	9.2%	24.5%
I.地域の行事や様々な文化との交流	55.9%	2.9%	9.7%	2.5%	0.0%	8.6%	7.9%	12.9%	9.0%	15.1%
J.児童虐待防止活動	1.5%	4.0%	47.3%	8.2%	6.4%	0.0%	0.9%	0.3%	7.9%	12.2%
K.危機管理の体制づくり	18.5%	0.3%	26.0%	63.3%	3.0%	1.8%	1.5%	3.0%	3.0%	13.7%
L.その他	13.1%	8.2%	13.1%	4.9%	4.9%	11.5%	4.9%	3.3%	9.8%	26.2%
合計	10.3%	3.0%	17.3%	6.9%	2.5%	2.1%	19.4%	7.9%	5.7%	18.5%

※網かけは最も多い割合の回答

3 地域とのかかわりに関して最も重視している活動について

「地域とのかかわりがある」と回答した 506 園に対し、最も重視している活動の現状をきいたところ、以下の結果が得られた。

①活動の名称について

「○○ひろば」、「○○クラブ」、「○○まつり」等、親しみやすくオリジナリティのあふれる名称を各園工夫してつけていた。

②活動の目的・工夫・成果について

最も重視している活動の目的・工夫・成果について自由記述で聞いたところ、以下のような回答が得られた。それぞれ活動内容別に数園の回答を紹介する。

活動内容「A．未就園の乳幼児への保育提供」

①		【地域】区部　【種別】公立　【規模】大規模
	目的	育児応援券（妊婦と 2 歳児未満の母子対象）を発行し、保育園に来園してもらい、子育て相談や食事相談、遊ばせ方などを学んでもらっている。
	工夫	近隣に一般住宅が少ない為、園医さんや特別出張所等にポスターや広報誌を設置して周知をはかっている。
	成果	保育園の存在を地域に知っていただけるようになった。
②		【地域】区部　【種別】私立　【規模】大規模
	目的	地域の子育て家庭を対象に年 8 回程度、園で講師によるベビーマッサージやベビー体操を行ったり園の行事に参加し保育所体験をする。
	工夫	・職員だけでなくパート保育士にも協力をしてもらい、在園児の保育を安全に進められるような人員配置。 ・クラブの活動の他に誕生会などの内容等を担当を決めて活動をくり広げている。
	成果	・育児相談が多くなった。 ・在園生の保護者が 2 人目・3 人目で育休中での利用が多くみられた ・保育園の評価が自然とあがって入園希望が増えた。
③		【地域】区部　【種別】私立　【規模】大規模
	目的	園内に地域支援室を設け未就園の乳幼児、保護者へ保育の提供、保健師、栄養士、保育士等よる育児講座、発育測定、ボランティアによる絵本の読み聞かせ、ベビーマッサージ、園児との交流等を取り入れ、育児力を高めてもらう。
	工夫	・行事計画等担当者で月 1 回会議を開き共通理解している。 ・手あそびやパネルシアター等研修を開き共通理解している。 ・参加して下さる方々が無理なく楽しめること、職員が見守る中で必要に応じて助言ができるようにしている。又、時には健康福祉センター等へも相

		談できる体制をとっている。
	成果	・利用して下さった方々が、園内の子どもの遊びや生活の様子をみて子育ての参考になると言っていただいている ・当園を利用することにより新たに友達関係ができ相談しあったり一緒に遊んだりする関係づくりができている。 ・育児不安の解消になっている面もある。気になるお子さんについて一緒に考えたり、関係機関へとつながることもある。
④	【地域】市町村部　【種別】私立　【規模】大規模	
	目的	保育園で行っている活動を親子で楽しむ（製作やクッキング、わらべ歌等）
	工夫	家庭でも継続して楽しめる活動内容の設定、親同士の出会いの場
	成果	会で出会ったご家庭が繋がっている点
⑤	【地域】区部　【種別】公設民営　【規模】大規模	
	目的	年齢の同じクラスに親子で入り、みんなで遊びます。集団での経験を通し保育園を知ってもらう。
	工夫	日常の保育を体験できるように声かけをし、遊んでもらっています。
	成果	保育園の様子や生活の流れを知ることで、保育園の保育を理解してもらえた。

活動内容「B．地域の保護者同士の交流」

①	【地域】区部　【種別】公設民営　【規模】大規模	
	目的	地域の子育て中の保護者の子育て相談と未就園児の身長、体重計測り、遊びの提供など
	工夫	・手作りおもちゃを、家庭でも作れるように案内している。 ・看護師・栄養士・主任と、様々な職種の職員が関っている。 ・継続的に行う（毎月来園する子の成長をカードに記入する）。
	成果	口こみにより、沢山の地域の方が参加するようになる。保護者の仲間作りに役に立っている。
②	【地域】区部　【種別】私立　【規模】大規模	
	目的	地域の未就園児をお持ちの方々の交流の場を提供する。
	工夫	・授乳が出来るスペースも用意している。 ・こんなイベントやってほしい又は他でやるなどの情報から、ニーズのあるものを取り入れたりしている。 ・毎月やるイベントはなるべく第〇週〇曜日と定期にすることで知られている。 ・園の行事なども参加してもらうことで園を知ってもらうきっかけ作りとしている。
	成果	・区外からも来てくれている。 ・人が集まることで安心な園であることをPRできている。いつも出入りしてくれることで不審者など来ない。

		・地域が活発だと思う。⇒いい街であると言える。
③		【地域】区部　　【種別】私立　　【規模】大規模
	目的	保育園の保護者同士の交流、情報支援、保育園と保護者の関係強化
	工夫	保護者はこういったイベントを役員などで事前打ち合わせをしている。事前打ち合わせは保育園の会議室を解放している。 保護者会と保育園の打ち合わせは年5回あり、保護者とのコミュニケーションを取るようにしている
	成果	・保護者との信頼関係が出来た。強まった。 ・近隣の人々が支援をしてくれるようになった ・保育園へのサポートが強い。保育園は非常に騒がしいが近隣の人々は文句を言わないでサポートをしてくれている。
④		【地域】区部　　【種別】私立　　【規模】中規模
	目的	・地域の子育て親子がヨガを通して地域の親子の親睦を深め、地域の乳児の親子が保育園を拠点としてつながりを持つきっかけとしていく ・講師よりヨガの効力について講話をしてもらい、親子で触れ合いヨガをする楽しさを実感してもらう
	工夫	なるべくたくさんの方に情報が届くようにちらし掲示を近隣に依頼したり、施設見学や園庭開放に見えた親子を誘ったり工夫している。
	成果	同年齢の子どもを持つ親同士の交流の場となり、親同士がつながるきっかけができた点。
⑤		【地域】市町村部　　【種別】私立　　【規模】中規模
	目的	地域の未就園児と保護者が集える場所
	工夫	ゆったりと寛げる、イベント中心ではない場所にする。親子でのんびり遊び、子どもも親も他者とかかわり、交流できる場所にする。
	成果	利用保護者から、「ゆったりできる。他の遊び場と違って、心地よい」という感想が多い。「ちょっと相談してみようかな」と思える。毎日同じ担当者がいることで安心していただけている。

活動内容「C. 地域の保護者への相談・助言」

①		【地域】区部　　【種別】公立　　【規模】大規模
	目的	未就園児の保護者が子育てに肯定的になるよう、子どもとの遊び方や手作り遊具の作り方を知らせる。また子育てに関する情報を専門的な立場から提供する。
	工夫	広く活動を知らせるために、児童館、園医、近隣の保育園や子ども園にポスターやチラシを置かせてもらう。またホームページでも情報発信をしはじめたところである。
	成果	会が終了した後に保護者が笑顔で帰っていく。子育ての参考になるとアンケートにも答えていただいている。

②	【地域】区部　【種別】公立　【規模】大規模	
	目的	地域の保護者の方の子育ての悩み、不安を解消できる機会を作る。園に来られる人は良いが、そうではない人達のためにこちらから外へ出向いて。
	工夫	地域の保護者同士が友だちになれるような交流できる内容、設定の工夫
	成果	来てよかったと笑顔で帰ってもらえる姿をみると取りくみの充実感を覚えます。
③	【地域】区部　【種別】公立　【規模】大規模	
	目的	・看護師による育児相談 ・「保育園とは」…の説明会 ・年長、年中児のあそび紹介 ・看護師…離乳食の進め方、発達についてなど
	工夫	・園の運営も考えた上で無理なく進め継続していけるようにしている ・他の行政機関との意見交換を密にして適切な返答やアドバイスができるようにしている
	成果	・園以外の子育て家庭の人たちの様子を知ることができた。 ・入園前の不安なことを聞くことによってどんな所に困っているのかを知ることができた。
④	【地域】市町村部　【種別】私立　【規模】中規模	
	目的	地域の親子が、平日、自由に遊びにこれる場所。また、子育ての悩み、相談もできるし、親同士がつながれる場所
	工夫	職員を常駐し、ていねいに対応している。地域の子育て家庭は、母親のリフレッシュも含めて、広場にくると、安心との声も聞かれる。
	成果	地域の子育支援に貢献できていると思う。年間 7500 人を越す利用である。
⑤	【地域】市町村部　【種別】私立　【規模】中規模	
	目的	保育園の役割として、在園の保護者も含む地域の子育て家庭、そうでない家庭、生活する人々を共に生きる仲間としてつないでいく。困っている事への対応や、子育ての楽しさを伝えていく。
	工夫	担当者間で情報の共有をし利用する方が安心して園に来て過ごせるようにしている。個々の困り感や、悩みを聞く中で、状況に合わせて、個別対応をしたり、あるいは、周囲の利用者を仲間にして、一緒に考えたり、コミュニケーションを多くとるようにしている。個別の対応では、相談できる行政の窓口を紹介したり、支援センターの定期報告で情報共有しアドバイスを受けるようにしている。
	成果	・日々の対応や支援室の工夫で、利用者に園外で会った時にも自然なコミュニケーションができる関係になってきた事。 ・慣れてくると、保育園が間に入らなくても利用者同士が関わったり、ほっとした表情になっている様子が増えている事。

Ⅲ

活動内容「D．地域の子育て力向上への貢献」

①	【地域】市町村部　【種別】私立　【規模】大規模	
	目的	ベビーマッサージは2回、3回コースを設定し育児に役立ててもらう目的。メカニズムは保護者の不安、悩みの軽減
	工夫	・現場の中でできることを行っている。 ・開園後まもなく、実績を作っている時なので1つ1つの反応を見ながらつくりあげていくようにする。
	成果	親同士である程度の交流がもてていること
②	【地域】市町村部　【種別】私立　【規模】大規模	
	目的	第一子の出産を控えている妊婦さん及びご夫婦に、出産と子育てについて保育士、栄養士、看護師がそれぞれの立場から話をし、実際に0歳児と触れ合ってもらうことで、子育てに対し不安な気持ちを取り除き前向きな楽しみな気持ちを持ってもらう。離乳食の作り方と試食をしてもらい離乳食について知ってもらう。
	工夫	離乳食の簡単な調理法を知らせたり、子育てについてわかりやすいアドバイスを心掛ける。実際に小さな子どもに接してもらい、子育ての楽しいイメージを持ってもらう。
	成果	参加者に喜んでもらえた。出産後園に入園してもらったり、園の行事に参加してもらい、上手に子育てし、楽しんでいる様子が見られる。
③	【地域】市町村部　【種別】私立　【規模】中規模	
	目的	子どもの年齢月齢に応じた育ちや、出産後の赤ちゃんの環境等を実体験を通して経験したり、相談などに応じながら伝えていく。
	工夫	育児に対する不安の解消となるように、又楽しさを知ってもらえるように取り組んでいる。
	成果	地域の対象保護者からのフィードバックなどがあり、喜びの声が聞かれた時。
④	【地域】区部　【種別】公立　【規模】大規模	
	目的	在園児（同じ年令の子ども）と一緒に遊ぶ、保育園を知ってもらう 育児相談（保育士、看護師、栄養士と専門的な立場で）
	工夫	・参加する子どもと同じ年令のクラスに入ってもらい、在園児と遊べるようにしている。 ・保護者の質問に答えられるよう、話しやすい雰囲気作りに努めている（担当職員をつけ、一緒に遊んでいる）。
	成果	・子どもと同じ年令のクラスで遊んでもらうことで、子どもの発達や発達に適した玩具（手作り玩具）などを知ってもらえたり、その場で育児相談を受けたりすることで、地域の子育て力の向上につながっていると思う。 ・参加した地域の保護者同士がつながるきっかけづくりとなっている。 ・保育園がどのようなところかを知ってもらうきっかけとなっている。

活動内容「E．世代間交流活動」

①	【地域】市町村部　【種別】私立　【規模】大規模	
	目的	地域の方やお年寄りと関わることにより、思いやりや感謝の気持ちを育てていく。また地域の方やボランティアとの連携を深め、子どもたちを見守る環境を確立する。
	工夫	人見知りをする子や消極的な子に対しては、さりげなく声を掛けながら自然に中に入っていけるようにしている。
	成果	・触れ合い遊びを通して、普段家庭ではあまり目にしない昔のあそびを経験できる。 ・地域の方との関わりを多くもつことで、社交性が身につき、自然に挨拶ができるようになった。
②	【地域】区部　【種別】公立　【規模】中規模	
	目的	地域交流することで保育園の存在を理解していただき、互いに協力しあえる関係を作る。
	工夫	・地域の方へは日頃より"声かけ"を意識しながらコミュニケーションを図っている。 ・子育て中の方が見学等で来園した場合は、子育ての悩みや相談に応じていく。
	成果	・地域の方が、保育園に来て下さることで、子ども達を通して保育園の活動に理解を得ることができている
③	【地域】区部　【種別】公立　【規模】中規模	
	目的	高齢者の方を元気にする
	工夫	子どもたちの元気を観てもらう内容と、間近で触れ合える内容を考えている
	成果	高齢者の方には喜んでもらえること、また子どもたちも出し物をする事を楽しみにしている
④	【地域】区部　【種別】公設民営　【規模】大規模	
	目的	小、中、高生の交流を通して、在園児が遊び方や大きくなったらという思いをイメージしやすくすることを狙いとしています。
	工夫	夏期、学校の休み時期に「園児と一緒に生活してみましょう」というキャッチフレーズにより、小中高生に声を掛けます。卒園児を通じて行います。一日、13人位を上限として18日間、継続して開催しますのでその間、参加できる日にして下さいと説明、希望者を集めています。開催中の一日は午前9時～午後4時までで、なるべく一日参加できるよう話しています。
	成果	・在園児（5歳児）のあそびが変化し、活発となる。 ・小中高生は、子ども達の為にという思いが伝わった喜びを感じていると声を寄せています。

Ⅲ

活動内容「F．次世代育成支援活動」

①	【地域】区部　【種別】公立　【規模】中規模	
	目的	子どもたちが社会の一員として働くための第一歩として職業観や勤労観を育成し人間関係づくりの大切さを体得させる為の環境の一つとして。
	工夫	・職員、園運営に負担がかからない範囲で行っている。 ・地域の方に何をやっているかわかるよう掲示をしてお知らせしている。
	成果	・地域とのコミュニケーションをはかることで保育園に対しての理解は深まっている。 ・地域の保護者が保育園に興味をもち見学したり、相談事業では安心感を得てもらえている。
②	【地域】市町村部　【種別】公立　【規模】中規模	
	目的	・保育園児とのふれあいを通して他人とのかかわりを学び自己の生き方を考える（小中学生）。 ・小中学生と兄弟、姉妹のように接しながら一緒に遊んでもらうことの楽しさや、優しくしてもらうことの心地よさを感じる。
	工夫	・中学生とのオリエンテーションを細やかに行う。 ・約束ごとをきちんと伝える
	成果	・中学生の表情が日数を重ねるごとに輝いてくる ・子どもたちの甘える場が増える
③	【地域】市町村部　【種別】私立　【規模】大規模	
	目的	保育の良さを知ってもらい、仕事を選択するうえでの1つとして保育のすそのを広げる。
	工夫	・体験なので、楽しい雰囲気を味わってもらう。 ・できるかぎり表から裏までいろいろなことをやってもらう。 ・リピーターとなってくれるようにうながす。
	成果	保育という仕事の中味を少しでも理解してくれたとき。リピーターとして来てくれるとき。実際保育士として戻ってきてくれる時。
④	【地域】区部　【種別】私立　【規模】中規模	
	目的	保育の仕事についての理解、将来的に保育を目指してもらうため
	工夫	仕事の楽しさややりがいを話したり実感してもらう
	成果	人材の確保
⑤	【地域】区部　【種別】私立　【規模】大規模	
	目的	子ども達と関わる中で「人として、どのように生きていけるのか？」という事を考える機会となり、安心して生きられる社会を作ってもらえることを目的にしています。
	工夫	近年、生活が便利になり、日常の生活体験をする機会が減っています。保育園の日常は生活そのものであることから、ボランティアさんには大人の立場で生活をになってもらいます。その中で、日々の生活に必要な事に気が付い

		てもらうこと、又現実の生活の有り様についての振り返りを通して大人になっていくことの意味を理解してもらえたら嬉しいと思って活動を進めています。
	成果	保育園生活を大人の立場で体験すると、幼い頃、自分が親にやってもらったことが色々と思い出されるようです。又、保育の仕事は大変で、表面をみているだけではわからないことが多いと気が付いたり、子どもとの接し方に戸惑いを感じ、不安があったとしても、自分で声をかけたり、子どもに声をかけてもらうなどのやりとりの中で、関わり方が少しずつ理解できるようになっていく手応えを感じ取ってくれたようです。

活動内容「G．地域の様々な社会資源との連携」

①	【地域】市町村部　【種別】私立　【規模】大規模	
	目的	・地域住民に、保育室を開放し、落語会を開く事で、地域に住むお年寄り同士が交流を深めたり、保育園にもっとなじみを持って頂いたりするきっかけを作る。 ・地域の方々との交流を通して、地域の活性化につなげる
	工夫	より多くの地域の方に参加して頂くため、チラシを数多く提示している。また前売り券を保育園が複数枚購入し、ご希望のご家庭に配布する形をとっている。また落語会当日は普段保育園を利用されない方もご来園するため、園内図をお貼りするようにしている。
	成果	地域住民に徐々に落語会が定着してきており、現在参加者は1回につき120人程になっている。そのため、トイレの位置を示しておく事により、混雑を回避できた。また、事前の打合せを商店会長と重ねる事により、スムーズな運営を取り行う事ができた。
②	【地域】区部　【種別】公立　【規模】中規模	
	目的	各関係機関との情報共有を通じ、保育士の意識、質（保育の）向上、子どもの育ちへのフォローアップ、協力、経験を広げるなど
	工夫	目的を意識した上で活動に参加できるように①内容の検討②タイムスケジュール決定③準備、役割分担をする④事前と事後に交流の様子をまとめ、保護者にも分かるように伝える。
	成果	行ったり来たりの交流を積み重ねることで①保育園への理解が深まる②互いに親しみの気持ちを持つ→互いに助け合える関係になる③子ども自身の経験を広げるきっかけとなる
③	【地域】区部　【種別】私立　【規模】中規模	
	目的	子どもたち、保育施設を理解してもらう、というより、地域が作った園なのでみんなと一緒に守っていく。
	工夫	前もって地域にあいさつや手紙で何をおこなうかをおしらせする。音の出るものや大勢の人があつまるバザーなどはとくに早めに園のまわり全体にお

		しらせする。
	成果	何十年もやっているものなので今後もたのしみにしているなどの声が多いのがバザーや納涼。
④		【地域】区部　【種別】公立　【規模】大規模
	目的	周りに園庭などがない私立園が、増えている。そのため集団あそび等の経験が少ない幼児が増えているため。
	工夫	小学校にて一緒になる子供もいるので、交流を通して顔見知りになり、就学が楽しみになるよう活動を工夫している。
	成果	活動を通して自然に名前を覚え、互いに次に会うのを楽しみにするようになった。広い園庭、ホール等でのびのびと集団遊びをする経験ができると喜ばれていること。

活動内容「H. 保育の内容に関する情報発信」

①		【地域】区部　【種別】私立　【規模】中規模
	目的	園の紹介、ワンポイントアドバイス等地域の方への情報を目的
	工夫	園での取り組み、保育のワンポイントとなるよう、見て楽しめ、アドバイスになるよう心掛けている。
	成果	地域の方が園に足を運んでくれて行事に参加してくれたり、行政の方にも喜ばれている。
②		【地域】市部　【種別】私立　【規模】中規模
	目的	広く園での活動を知っていただく
	工夫	ホームページに載せる文章を外部の方に校正していただき、子どもたちの生き生きとした様子を文章にあらわすようにしている。
	成果	地域の老人会の方とのふれあいや小学校との交流、ボランティアに来ていただく人などで、園を開くことにより色々な方の目を通して自分たちの保育を見直せること。それをホームページにより発信していくことで文章力などがついてきている。
③		【地域】区部　【種別】公立　【規模】中規模
	目的	保育園が近隣住宅に囲まれている環境のため、保育園の活動や取り組みを知らせ、より理解・協力をしていただけるように考えて実施している。
	工夫	毎月、ポスティングをしているが、機会をとらえ、顔をあわせ手渡しをすることを心がけている。
	成果	顔見知りになれる、又、日々あいさつをかわす際園への興味を示して下さることで、より園に対しての理解をしていただけるようになってきた。このことには、本当に感謝している。
④		【地域】区部　【種別】公立　【規模】大規模
	目的	地域の子育て世帯に対して、保育園等の資源を生かし、子育ての情報を発信することで、地域の子育て力向上に貢献する。

	工夫	宣伝を効果的に行なうために、施設見学の方にチラシを渡したり、近隣の子ども総合センター、保育園、図書館、園医など、地域の子育て世帯が行きそうな場所へポスターを掲示させてもらったりしている。
	成果	・園庭開放は、利用者の口こみや定期的に身体測定を行うことでリピーターができた。 ・施設見学の日を支援事業の日に当てることで、参加者を増やすと同時に保育園のことをより知ってもらうことができた。
⑤	【地域】区部　【種別】私立　【規模】大規模	
	目的	保育園での保育のノウハウを地域子育て家庭へかえしていく
	工夫	同年齢のクラスに1組ずつ入ってもらい他児とお子さんの発達を比べ安心できるように、又食事も親子で園の食事で大切にしている所を感じてもらえるようにしている。
	成果	子どもは1人ひとりちがって良い。又、家庭でできそうな遊具をみつけたり、あそび方など、少しずつ見て体験して、ヒントをもって帰ってくれるところ。

活動内容「I. 地域の行事や様々な文化との交流」

①	【地域】区部　【種別】私立　【規模】中規模	
	目的	今まで築いてきた地域の交流やつながりを大切にし地域に根付いた保育園を目指す。
	工夫	・地域町会や自治会の行事に参加したり、協力しています。 ・震災後は（3. 11）特に意識して取り組んでいます。 ・地域の一員になれるよう努力しています。
	成果	子どもたちを見守っていただけている。
②	【地域】区部　【種別】私立　【規模】中規模	
	目的	・地域の方々の作品（絵画・書道・陶芸・写真・手芸・コーラス・ハンドベル等）の発表の場 ・出品・発表した方、それを見に来た方の文化交流の場、忙しい毎日の生活の中に少しでも心豊かなひとときをこの地域の方々と共有したい。
	工夫	地域の方々に作品を出してもらえるよう声をかけている。実行委員会に参加された方々から意見を出してもらい、楽しい文化祭になるようにしている。子どもコーナーを作ったり、フラワーアレンジメント、絵本コーナーなどの体験コーナーを設け誰でも小さい子からお年寄りまで気軽に参加でき、楽しめるようにしている。
	成果	小さい保育園の子供から90歳代の方まで幅広い方々の作品が寄せられていること。作品を出される方は「また来年に向けて作るわ！」と創作意欲がうまれ、作品を見に来られた方々も「ステキな作品ね。元気が出るね！」と交互に影響し合い、日々の忙しさの中で心を豊かにすることのできる文化祭になっている。子どもコーナーの泥だんご作り、幼少時代を思い出しなつかし

			く夢中になる大人もまじって子どもも夢中になれる1日。このコーナーを目指してくる地域の子どもたちもたくさんいます。
③		【地域】区部　【種別】公立　【規模】大規模	
	目的		団地内の商店街と団地内の高齢者、子育て家庭を巻き込んでハロウィンに園児が仮装して行い、地域の活性化を目的にしている。
	工夫		園全体でハロウィンに向けての活動をすすめ、特に幼児組は異年齢活動の中に盛り込み行っている。英語のボランティアとして卒園児の保護者に月一回"イングリッシュパーティ"と称して英語のうたやダンスを楽しみ、当日につなげている。
	成果		商店街の方との関わりの中で、園に対する理解が深まり、当日のパーティでは団地内の子育て家庭、高齢者の方との関わりの中で、園に対する親しみが深まっている。
④		【地域】市町村部　【種別】私立　【規模】大規模	
	目的		地域とのコミュニケーションを図る為に、園を開放し、盆踊り・おはなしの伝承や、出店・ゲーム等、楽しく過ごす事で地域や卒園児がたくさん参加し、地域貢献活動の一つと考えている。
	工夫		在園児（乳児）〜小学生まで、各年令が楽しめるよう、保育士によるアンパンマン小劇場、スライム作り・化学ショーなど。毎年、工夫している。
	成果		地域の方の参加も多くコミュニケーションが取れる。また、自治会に入ることで、ゴミの処理や、雪かき等、いっしょに協力し合い、仲よく生活している。
⑤		【地域】市町村部　【種別】私立　【規模】大規模	
	目的		卒園児、及び地域の子ども達におまつりの楽しさを知ってもらう。又、模擬店等を多く出店し、園児や地域の子どもにこの土地の古くからのおまつりを楽しんでもらう（約900名位来園します）。一般保育を行う40年前から実施。
	工夫		地域の誰でも参加できる様に近隣の小学校へポスターを掲示しています。
	成果		40年間継続する事により地域のおまつりとして定着している様です。本当の地域のおまつりより参加者は多く、広い園庭ですがほとんど人ばかりです（800〜900人位）。

活動内容「J. 児童虐待防止活動」

①		【地域】市町村部　【種別】私立　【規模】中規模	
	目的		地域性及び公立保育園を4月に民営化した経緯から支援が必要な家庭が多いという現状があった
	工夫		具体的な活動を開始していませんのでこれからの課題です
	成果		具体的な活動を開始していませんのでこれからの課題です

活動内容「K．危機管理の体制づくり」

①	【地域】区部　【種別】公立　【規模】中規模	
	目的	3．11の災害や体験を機に、子ども達の安全を地域の中の保育園としてどう協力して守っていくのかということを常に考えて訓練を行っている。
	工夫	地域への周知に努めているところである。保育園の地域向けボードでの掲示、区報などの提示などで周知をしている。また、参加した地域の方に、次回の参加を声かけして参加を促している。（継続できるようにしている）
	成果	地域向けの事業（活動）では、次回への参加を促すことで継続して参加してくれるようになり、関係をつけていく事にもつながった。
②	【地域】区部　【種別】私立　【規模】中規模	
	目的	都営団地1Fの保育園ですので都営団地2棟の住民と近隣の私立園を誘い、避難訓練や防災物品の紹介等をして、顔でつながる関係づくりと助け合う関係づくりを目的として行っている。
	工夫	防災物品紹介では見るだけでなく年毎に体験できるものをとり入れて行っている。
	成果	アルファ米の試食や消化器訓練等、普段、自分達では体験できないことを行えたと好評であった。
③	【地域】区部　【種別】私立　【規模】中規模	
	目的	・乳児の多い園なので非常時の対応には特に力を入れている。 ・入園枠の大きい園なので、積極的に行っている。
	工夫	記載なし
	成果	記載なし
④	【地域】区部　【種別】公立　【規模】中規模	
	目的	子ども達・地域・障がい児の方々と一緒に震災時に必要な行動を学ぶ
	工夫	記載なし
	成果	①　地域住民とのつながりが出来た。 ②　災害発生時における行動の把握ができた。 ③　避難所における備蓄倉庫の点検ができた。 ④　スタンドパイプ操作訓練、消火器操作、応急救護訓練などを経験体験することで身に着けた。
⑤	【地域】区部　【種別】私立　【規模】大規模	
	目的	地域と連携をとって協力し合いながら安全確保につとめる
	工夫	記載なし
	成果	地域の運動会等で知り合いになり、町会の方々が避難訓練に自発的に参加して下さった。

活動内容「L．その他」

①	【地域】区部　　【種別】私立　　【規模】大規模	
	目的	切れ目のない子育て支援
	工夫	いかに敷居を低くするか、参加しやすい雰囲気づくりと内容
	成果	保育園を知ってもらう機会となる
②	【地域】区部　　【種別】公立　　【規模】大規模	
	目的	地域の保育施設とのネットワークを構築し、地域の保育施設への相談対応や公開保育研修などを通じて保育人材育成を図るほか、保育施設会議の開催などにより、地域の保育水準向上が目的
	工夫	・地域の保育施設の拠点となれるよう、多種多様な保育事業の理解を深め、決して指導的な立場は取らず、「子どもたちのより良い育ちのため」という共通の認識のもとで、進めていくよう心がけている。 ・実際の保育を公開したり、保育者同士子ども同士の交流を相互に行えるよう工夫した。
	成果	・事業主体の異なる保育施設であっても、時間をかけ関係性を築いてきたことで、共に保育について語り合ったり課題を考え合えるようになってきている。 ・保育公開や施設を訪問することで自園の保育の質の向上にも結びついている。
③	【地域】区部　　【種別】私立　　【規模】中規模	
	目的	ボランティアは、これから先の社会を形成する人材として保育園での体験で培われることは大きいと思うので、大切にしたい。社会も含め大きな家庭としての視野をもって、子育てを支援していかなければ、今見ている子ども達の幸せも守られていかないと考えるため
	工夫	・何のための活動であるかという点を考えながら、決めていく ・参加者が参加しやすい日程や、イベント内容を考えていく ・他の参加者とも話しができる機会を保障する
	成果	感想から、子育て支援や、学生の社会参加、社会貢献につながっていると思われる。
④	【地域】区部　　【種別】公設民営　　【規模】中規模	
	目的	地域の方に園の存在を知り、理解していただくこと。
	工夫	行事では必要以上に音がでないように配慮（例えば運動会は練習のときから）している。又、事前に、団地の自治会に挨拶、行事のお誘いをするなど、地域、特に近隣の方への配慮を大事にしている。
	成果	近隣の方への配慮をしながら行事をしていくことにより、園への理解が深まっていると思う。

③活動形態について

　「単独主催」が大半を占めている。

　他の組織団体と「共催」しているところも 11.5%、「参加・協力」して行なっているところも 16.7%もある。

内容	N=365	
	園数	%
単独主催	206	56.4%
共催	42	11.5%
参加・協力	61	16.7%
その他	8	2.2%
未回答・無効回答	48	13.2%
合計	365	100.0%

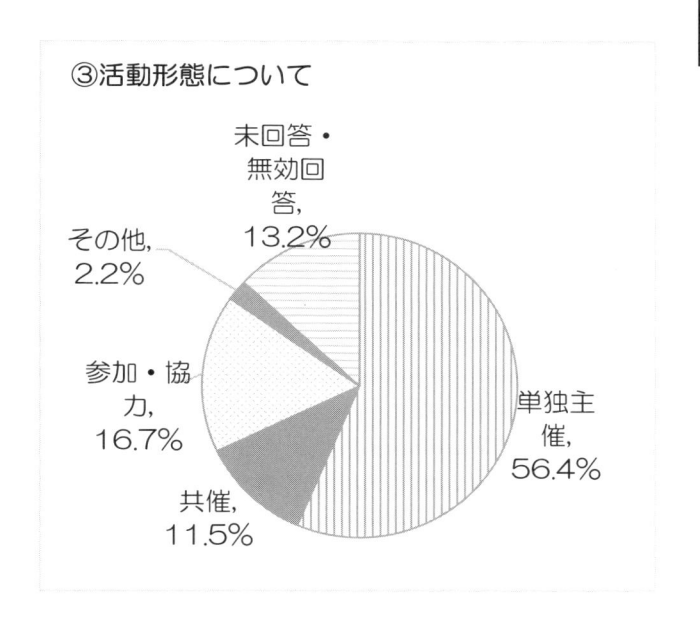

③活動形態について

なお、活動内容A〜Lに分けて集計すると、以下のとおりだった。

内容	A	B	C	D	E	F
	園数	園数	園数	園数	園数	園数
単独主催	101	35	4	26	15	10
共催	13	2	6	5	2	8
参加・協力	10	5	1	1	11	13
その他	3	1	0	0	0	1
未回答・無効回答	15	5	1	2	9	4
合計	142	48	12	34	37	36

内容	G	H	I	J	K	L	合計
	園数	園数	園数	園数	園数	園数	園数
単独主催	2	7	2	0	0	4	206
共催	0	1	2	1	0	2	42
参加・協力	1	3	11	1	3	1	61
その他	0	0	0	1	1	1	8
未回答・無効回答	2	0	5	0	3	2	48
合計	5	11	20	3	7	10	365

※網掛けは最も多い回答

また、「2.共催」「3.参加・協力」と回答した場合、ともに活動する組織・団体等として、以下の組織・団体等が挙げられた。

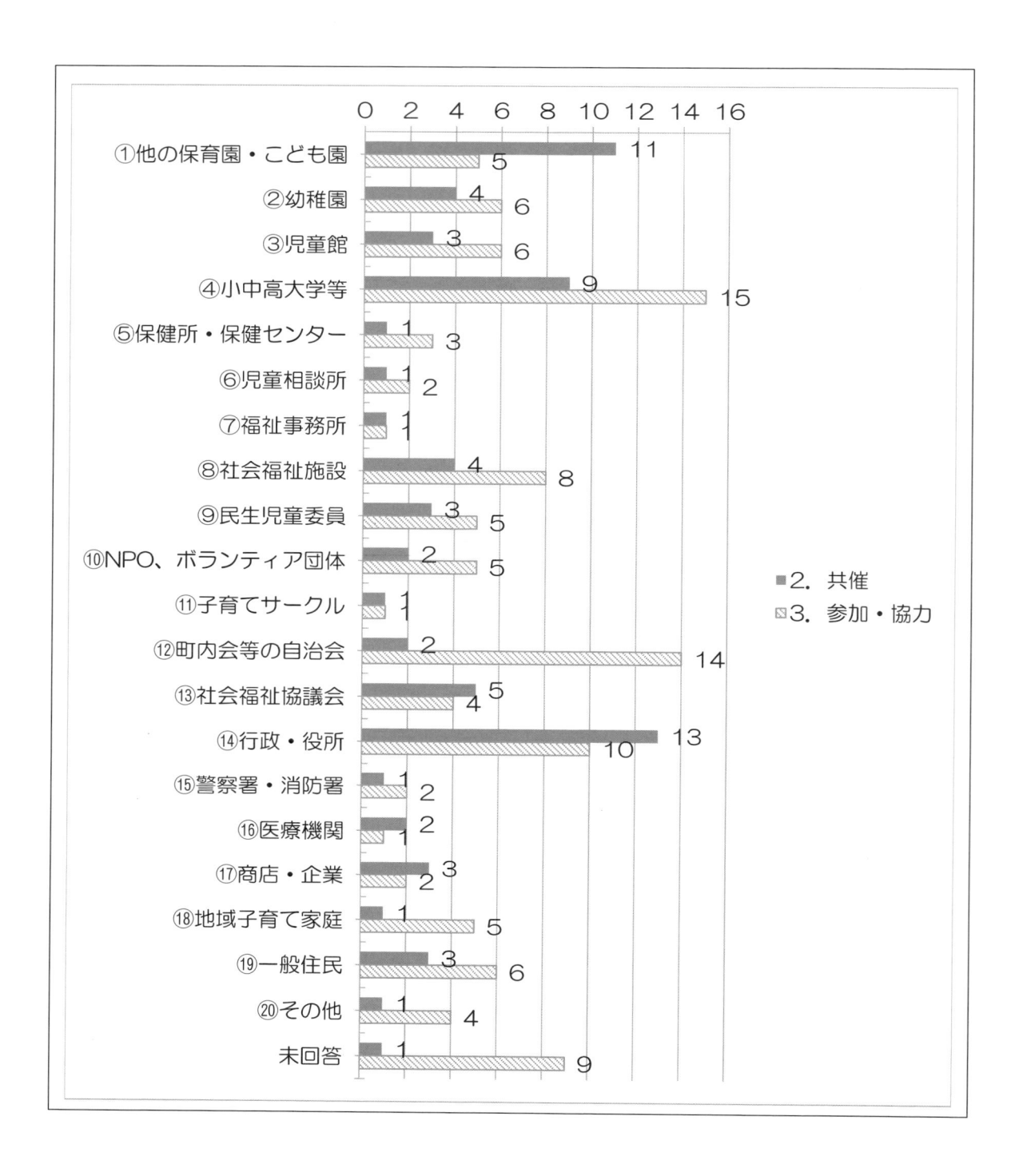

④活動を開始した時期について

　「東京都民間社会福祉施設サービス推進費補助制度」が開始されたのは 2004 年度からである。それ以後に活動を開始した園が 7 割である事がわかった。

　なお活動内容については、F の「次世代育成支援活動」（中高生のボランティア受け入れなど）のみ補助金開始以前から始まっていた事がわかる。

内容	N=365	
	園数	%
2013-2017 年	105	28.8%
2008 年-2012 年	81	22.2%
2003 年-2007 年	65	17.8%
2002 年以前	68	18.6%
わからない	28	7.7%
未回答・無効回答	18	4.9%
合計	365	100.0%

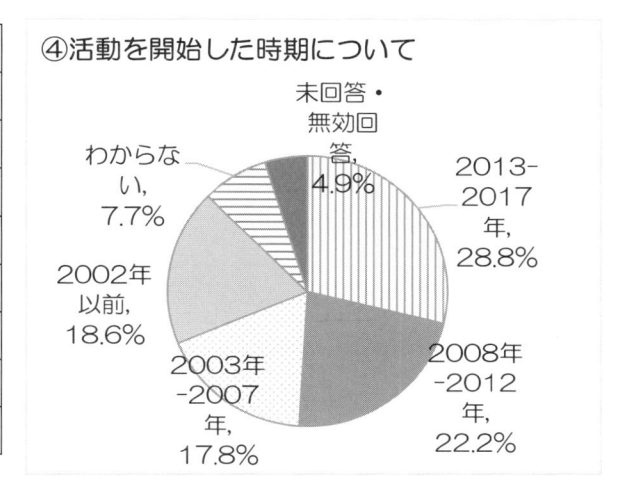

④活動を開始した時期について

　なお、活動内容A〜Lに分けて集計すると、以下のとおりだった。

内容	A	B	C	D	E	F
	園数	園数	園数	園数	園数	園数
2013 年-2017 年	33	19	2	11	8	8
2008 年-2012 年	37	13	4	8	7	5
2003 年-2007 年	29	6	2	7	7	6
2002 年以前	24	10	2	5	6	11
わからない	9	0	0	3	7	4
未回答・無効回答	10	0	2	0	2	2
合計	142	48	12	34	37	36

内容	G	H	I	J	K	L	合計
	園数	園数	園数	園数	園数	園数	園数
2013 年-2017 年	2	5	7	1	6	3	105
2008 年-2012 年	2	1	1	1	0	2	81
2003 年-2007 年	0	1	4	1	0	2	65
2002 年以前	0	2	6	0	1	1	68
わからない	1	1	1	0	0	2	28
未回答・無効回答	0	1	1	0	0	0	18
合計	5	11	20	3	7	10	365

※網掛けは最も多い回答

⑤活動を開始したきっかけについて（複数回答可）

　全体でみると、「行政の方針」（34.5%）が最も多く、ついで「法人の方針」（31.5%）、「園長の発案」（30.4%）となっている。

　区部は「行政の方針」が39.1%、市町村部は「法人の方針」が47.4%となっている。

内容	N=365	
	園数	％
地域住民の要請	31	8.5%
地域子育て家庭からの要請	50	13.7%
法人の方針	115	31.5%
職員からの発案	79	21.6%
園長の発案	111	30.4%
行政の方針	126	34.5%
「地域子ども・子育て支援拠点事業」の開始	62	17.0%
「東京都民間社会福祉サービス推進費補助制度」の創設	46	12.6%
「子ども・子育て支援新制度」の施行	35	9.6%
「保育所保育指針」の改定	27	7.4%
その他	35	9.6%
未回答・無効回答	8	2.2%
合計	725	–

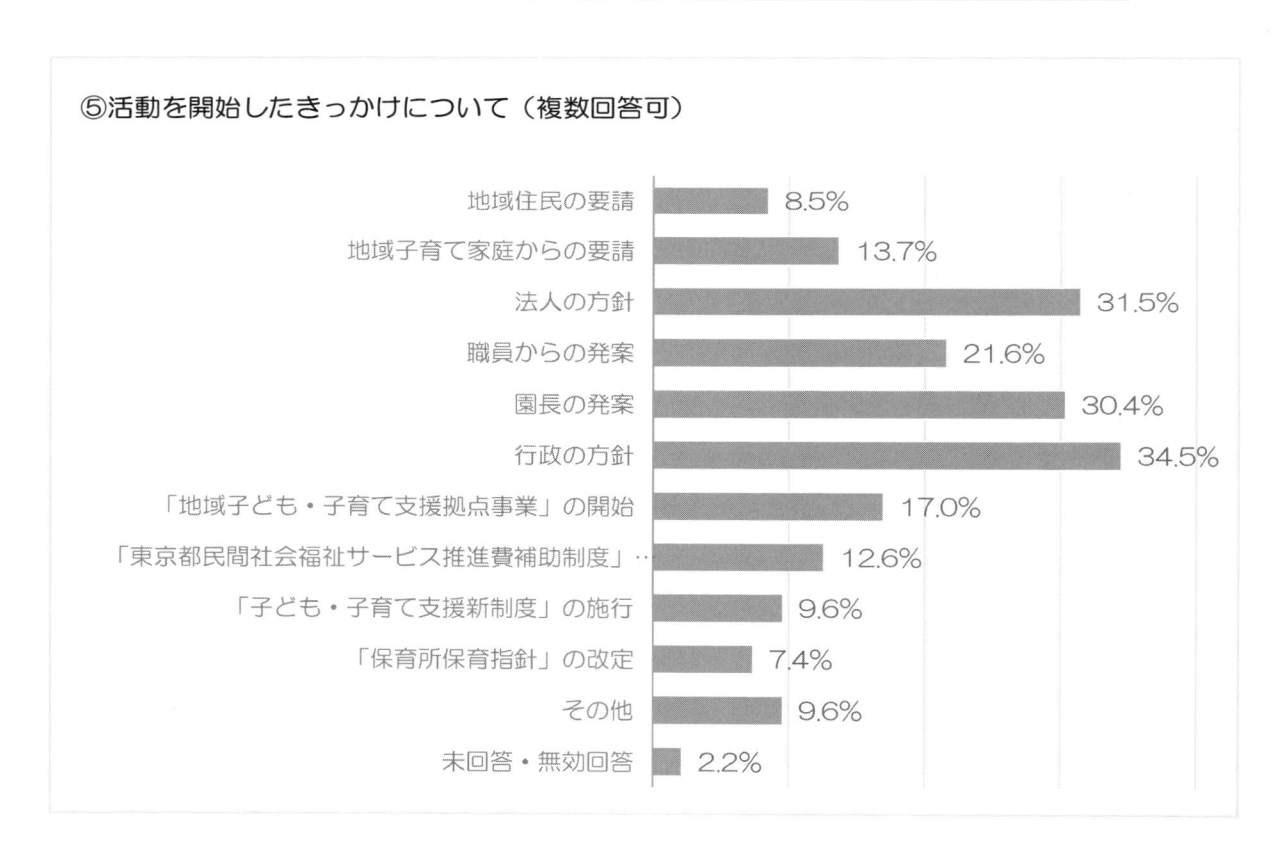

⑤活動を開始したきっかけについて（複数回答可）

- 地域住民の要請　8.5%
- 地域子育て家庭からの要請　13.7%
- 法人の方針　31.5%
- 職員からの発案　21.6%
- 園長の発案　30.4%
- 行政の方針　34.5%
- 「地域子ども・子育て支援拠点事業」の開始　17.0%
- 「東京都民間社会福祉サービス推進費補助制度」…　12.6%
- 「子ども・子育て支援新制度」の施行　9.6%
- 「保育所保育指針」の改定　7.4%
- その他　9.6%
- 未回答・無効回答　2.2%

【区部】

内容	N=230	
	園数	%
地域住民の要請	20	8.7%
地域子育て家庭からの要請	28	12.2%
法人の方針	51	22.2%
職員からの発案	52	22.6%
園長の発案	70	30.4%
行政の方針	90	39.1%
「地域子ども・子育て支援拠点事業」の開始	35	15.2%
「東京都民間社会福祉サービス推進費補助制度」の創設	16	7.0%
「子ども・子育て支援新制度」の施行	20	8.7%
「保育所保育指針」の改定	19	8.3%
その他	22	9.6%
合計	423	－

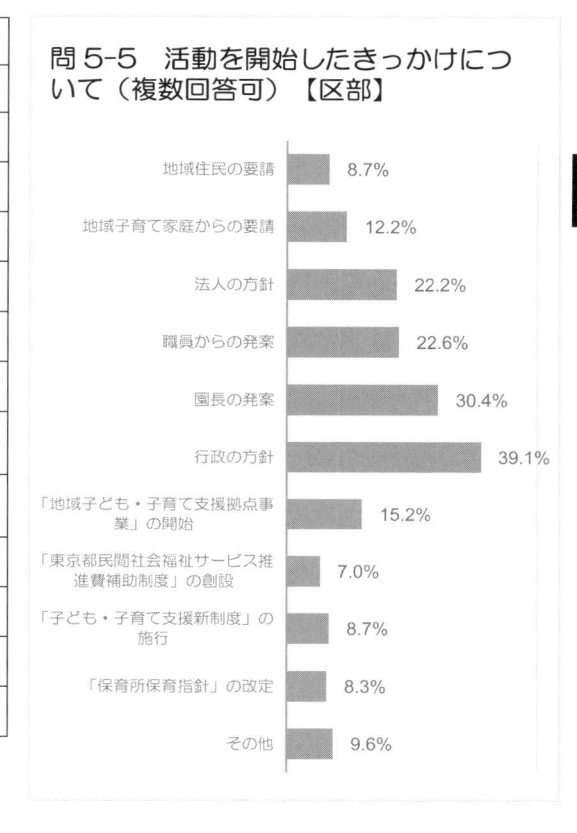

問5-5　活動を開始したきっかけについて（複数回答可）【区部】

【市町村部】

内容	N=135	
	園数	%
地域住民の要請	11	8.1%
地域子育て家庭からの要請	22	16.3%
法人の方針	64	47.4%
職員からの発案	26	19.3%
園長の発案	41	30.4%
行政の方針	35	25.9%
「地域子ども・子育て支援拠点事業」の開始	27	20.0%
「東京都民間社会福祉サービス推進費補助制度」の創設	30	22.2%
「子ども・子育て支援新制度」の施行	15	11.1%
「保育所保育指針」の改定	8	5.9%
その他	13	9.6%
合計	292	－

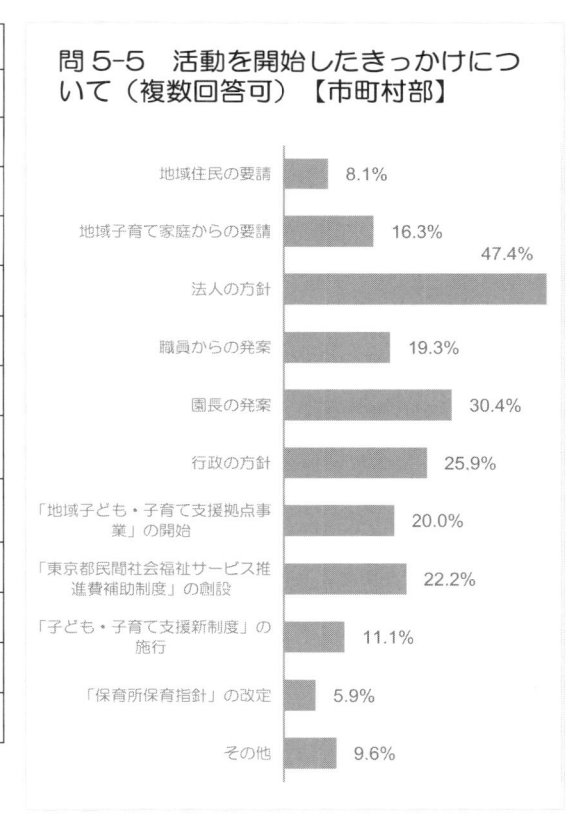

問5-5　活動を開始したきっかけについて（複数回答可）【市町村部】

なお、活動内容A〜Lに分けて集計すると、以下のとおりだった。

内容	A	B	C	D	E	F
	園数	園数	園数	園数	園数	園数
地域住民の要請	7	3	2	0	5	3
地域子育て家庭からの要請	31	7	3	3	0	2
法人の方針	52	17	1	10	9	11
職員からの発案	27	13	2	12	10	4
園長の発案	38	9	2	8	17	12
行政の方針	66	14	9	9	5	14
「地域子ども・子育て支援拠点事業」の開始	29	7	2	7	4	3
「東京都民間社会福祉サービス推進費補助制度」の創設	17	6	0	8	4	7
「子ども・子育て支援新制度」の施行	20	6	0	2	2	1
「保育所保育指針」の改定	12	3	2	4	1	2
その他	6	4	0	1	2	12
未回答・無効回答	5	0	0	0	3	0
合計	310	89	23	64	62	71

内容	G	H	I	J	K	L	合計
	園数	園数	園数	園数	園数	園数	園数
地域住民の要請	1	1	7	0	2	0	31
地域子育て家庭からの要請	0	1	1	2	0	0	50
法人の方針	0	3	6	2	0	4	115
職員からの発案	1	4	4	0	1	1	79
園長の発案	2	7	8	2	3	3	111
行政の方針	0	1	1	2	1	4	126
「地域子ども・子育て支援拠点事業」の開始	2	1	2	1	0	4	62
「東京都民間社会福祉サービス推進費補助制度」の創設	0	2	0	1	0	1	46
「子ども・子育て支援新制度」の施行	1	1	0	1	0	1	35
「保育所保育指針」の改定	0	1	1	0	0	1	27
その他	1	1	5	0	2	1	35
未回答・無効回答	0	0	0	0	0	0	8
合計	8	23	35	11	9	20	725

※網掛けは最も多い回答

⑥活動実施の決定者について（複数回答可）

　全体で一番多いのは「園長」（77.3%）であるが、私立は84.6%に対して公立は66.7%であった。公立は、37.9%が「区市町村所管課」が決定している。

内容	N=365	
	園数	%
園長	282	77.3%
法人理事会	48	13.2%
区市町村所管課	67	18.4%
その他	12	3.3%
未回答・無効回答	6	1.6%
合計	415	－

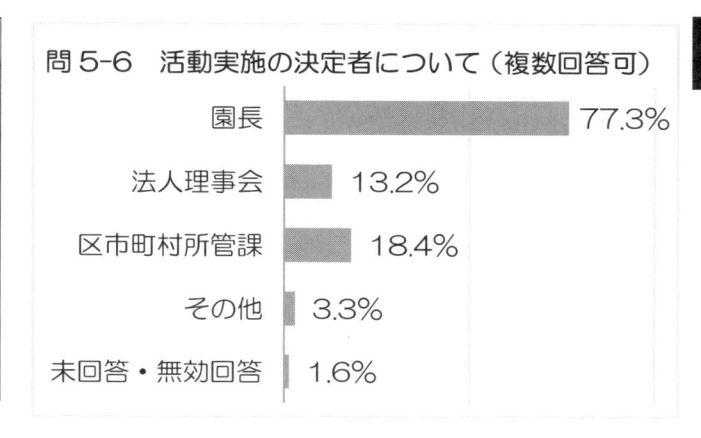

問5-6　活動実施の決定者について（複数回答可）

【私立】

内容	N=208	
	園数	%
園長	176	84.6%
法人理事会	42	20.2%
区市町村所管課	12	5.8%
その他	5	2.4%
未回答・無効回答	1	0.5%
合計	236	－

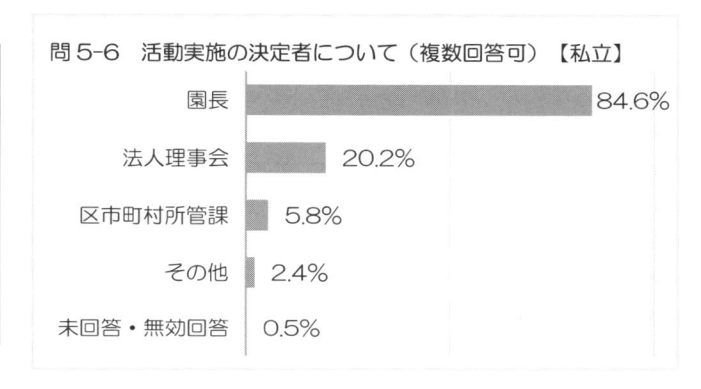

問5-6　活動実施の決定者について（複数回答可）【私立】

【公立】

内容	N=132	
	園数	%
園長	88	66.7%
法人理事会	0	0.0%
区市町村所管課	50	37.9%
その他	6	4.5%
未回答・無効回答	4	3.0%
合計	148	－

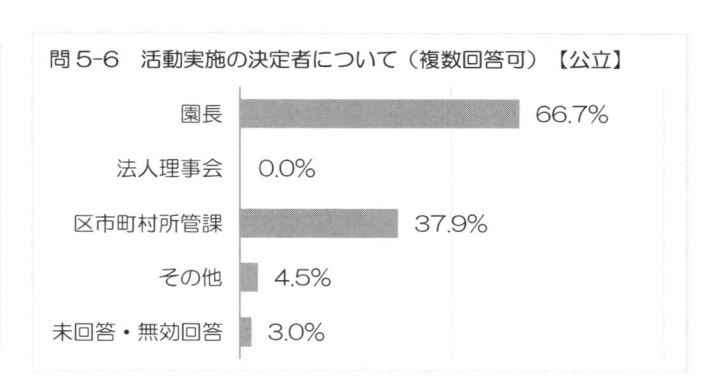

問5-6　活動実施の決定者について（複数回答可）【公立】

【公設民営】

内容	N=20	
	園数	%
園長	14	70.0%
法人理事会	4	20.0%
区市町村所管課	4	20.0%
その他	0	0.0%
未回答・無効回答	1	5.0%
合計	23	－

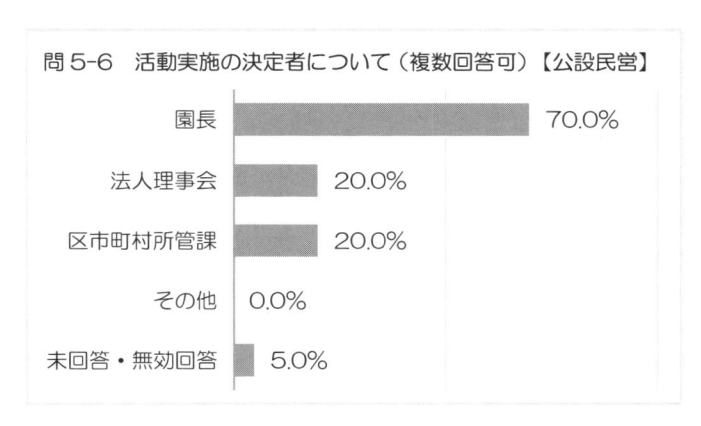

問5-6　活動実施の決定者について（複数回答可）【公設民営】

Ⅲ

なお、活動内容A～Lに分けて集計すると、以下のとおりだった。

内容	A	B	C	D	E	F
	園数	園数	園数	園数	園数	園数
園長	94	35	8	29	36	31
法人理事会	24	7	0	7	2	2
区市町村所管課	39	10	5	2	1	7
その他	4	3	0	0	1	1
未回答・無効回答	4	0	0	0	0	0
合計	165	55	13	38	40	41

内容	G	H	I	J	K	L	合計
	園数	園数	園数	園数	園数	園数	園数
園長	4	11	17	3	6	8	282
法人理事会	0	1	1	1	0	3	48
区市町村所管課	0	1	1	0	0	1	67
その他	0	0	3	0	0	0	12
未回答・無効回答	1	0	0	0	1	0	6
合計	5	13	22	4	7	12	415

※網掛けは最も多い回答

⑦活動を中心となって担う方について（複数回答可）

　活動を中心となって担う方について聞いたところ、職員が84.7%と最も多かった。次いで副園長・主任が66.3%、園長が51.0%となっており、園全体で取り組んでいることが分かった。

内容	N=365	
	園数	％
園長	186	51.0%
副園長・主任	242	66.3%
職員	309	84.7%
法人理事長・役員	8	2.2%
在園の保護者	12	3.3%
未就園の保護者	12	3.3%
区市町村所管課の職員	18	4.9%
地域住民	25	6.8%
その他	16	4.4%
未回答・無効回答	4	1.1%
合計	832	－

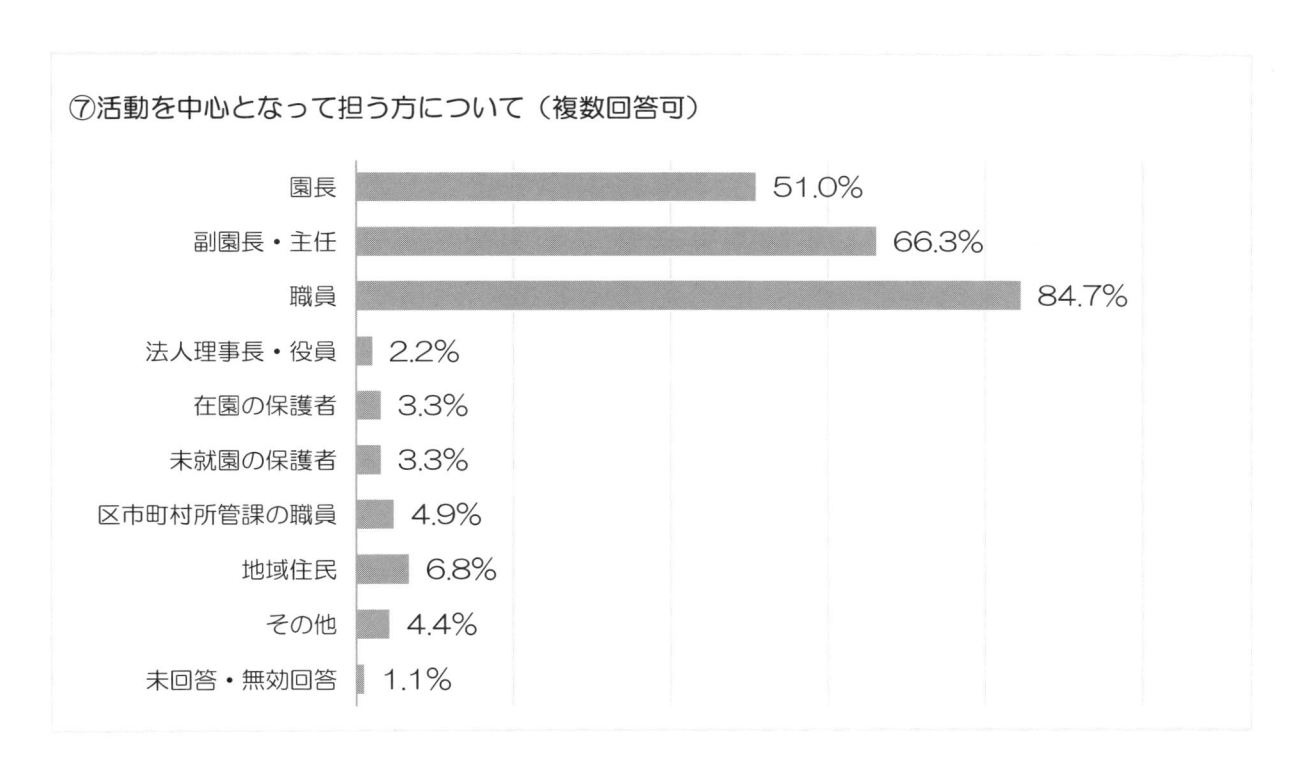

⑦活動を中心となって担う方について（複数回答可）

なお、活動内容A～Lに分けて集計すると、以下のとおりだった。

内容	A	B	C	D	E	F
	園数	園数	園数	園数	園数	園数
園長	66	14	8	15	20	22
副園長・主任	94	32	8	23	21	30
職員	118	44	12	32	31	27
法人理事長・役員	1	1	0	1	0	0
在園の保護者	3	0	0	1	0	0
未就園の保護者	6	1	1	2	1	0
区市町村所管課の職員	8	0	1	2	0	3
地域住民	3	1	1	0	5	3
その他	4	1	1	3	1	0
未回答・無効回答	3	0	0	0	0	0
合計	306	94	32	79	79	85

内容	G	H	I	J	K	L	合計
	園数	園数	園数	園数	園数	園数	園数
園長	1	6	16	3	5	10	186
副園長・主任	3	5	13	3	4	6	242
職員	5	7	16	3	4	10	309
法人理事長・役員	1	1	2	1	0	0	8
在園の保護者	0	1	5	1	0	1	12
未就園の保護者	0	0	0	0	0	1	12
区市町村所管課の職員	0	0	1	1	1	1	18
地域住民	1	0	9	1	1	0	25
その他	0	0	3	0	2	1	16
未回答・無効回答	0	0	0	0	1	0	4
合計	11	20	65	13	18	30	832

※網掛けは最も多い回答

⑧主な対象者・参加者について（複数回答可）

　主な対象者・参加者について聞いたところ、未就園の親子が61.6％と最も多かった。次いで未就園の乳幼児が46.3％、未就園の程者が29.0％となっており、地域の子育て支援に取り組んでいることが分かった。

内容	N=365	
	園数	％
未就園の乳幼児	169	46.3％
未就園の親子	225	61.6％
未就園の保護者	106	29.0％
高齢者	74	20.3％
小中高大学生等	87	23.8％
近隣住民	76	20.8％
その他	29	7.9％
未回答・無効回答	4	1.1％
合計	770	－

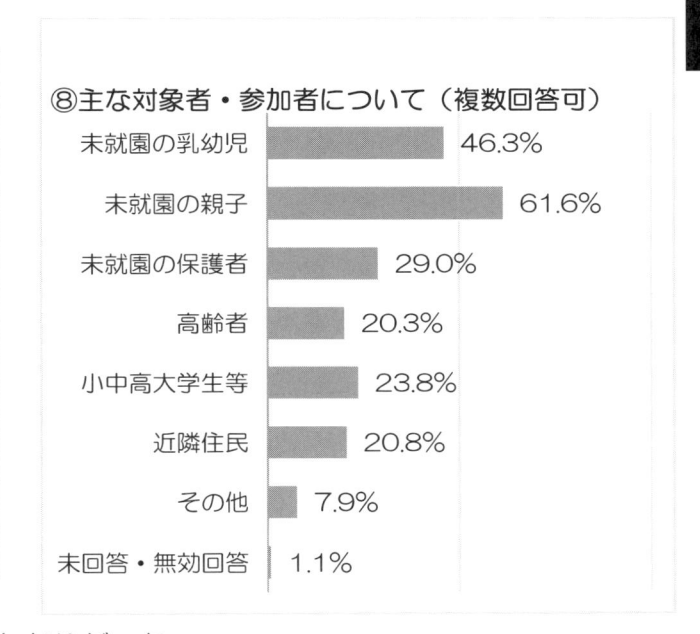

⑧主な対象者・参加者について（複数回答可）
- 未就園の乳幼児　46.3％
- 未就園の親子　61.6％
- 未就園の保護者　29.0％
- 高齢者　20.3％
- 小中高大学生等　23.8％
- 近隣住民　20.8％
- その他　7.9％
- 未回答・無効回答　1.1％

なお、活動内容A〜Lに分けて集計すると、以下のとおりだった。

内容	A	B	C	D	E	F
	園数	園数	園数	園数	園数	園数
未就園の乳幼児	97	26	4	15	4	6
未就園の親子	102	44	9	29	4	5
未就園の保護者	41	23	5	18	1	3
高齢者	9	2	0	4	33	3
小中高大学生等	13	1	0	6	7	35
近隣住民	18	4	1	6	12	3
その他	4	6	0	4	1	1
未回答・無効回答	1	0	0	0	0	0
合計	285	106	19	82	62	56

内容	G	H	I	J	K	L	合計
	園数	園数	園数	園数	園数	園数	園数
未就園の乳幼児	3	4	7	1	2	0	169
未就園の親子	3	6	16	1	1	5	225
未就園の保護者	2	5	7	0	1	0	106
高齢者	3	2	13	0	2	3	74
小中高大学生等	3	6	10	0	2	4	87
近隣住民	2	8	17	1	2	2	76
その他	0	1	2	2	3	5	29
未回答・無効回答	0	0	1	0	2	0	4
合計	16	32	73	5	15	19	770

※網掛けは最も多い回答

⑨活動1回あたりの対象者・参加者の園数について

　　私立は「1〜5人」、公立は「6〜10人」が多い。全体では1〜10人が57.3%となる。
「21人以上」の参加も17.0%を占めている。

内容	N=365	
	園数	%
1-5人	108	29.6%
6-10人	101	27.7%
11-15人	34	9.3%
16-20人	36	9.9%
21人以上	62	17.0%
未回答・無効回答	24	6.6%
合計	365	100.0%

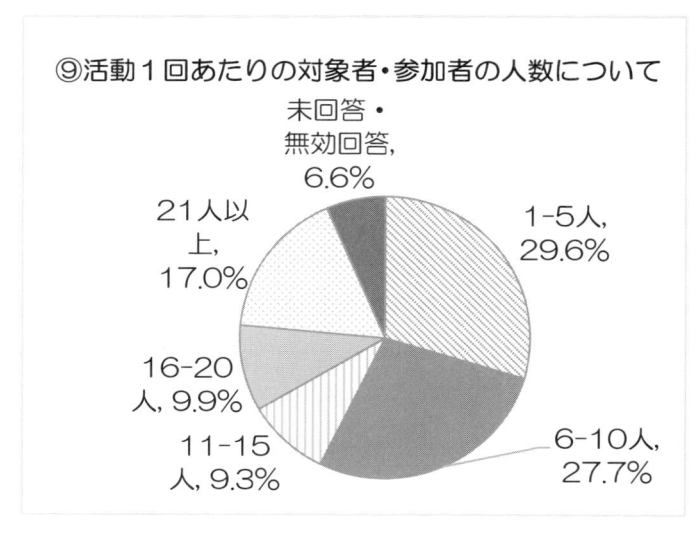

【私立】

内容	N=208	
	園数	%
1-5人	69	33.2%
6-10人	49	23.6%
11-15人	16	7.7%
16-20人	24	11.5%
21人以上	34	16.3%
未回答・無効回答	16	7.7%
合計	208	100.0%

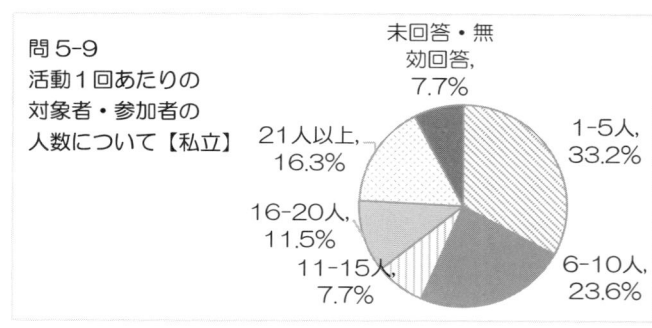

【公立】

内容	N=132	
	園数	%
1-5人	32	24.2%
6-10人	42	31.8%
11-15人	18	13.6%
16-20人	10	7.6%
21人以上	24	18.2%
未回答・無効回答	6	4.6%
合計	132	100.0%

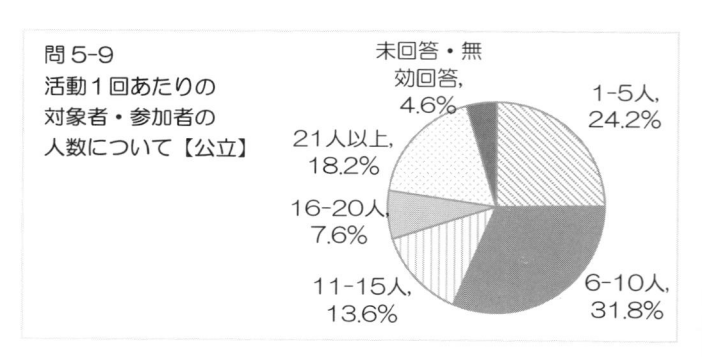

【公設民営】

内容	N=20	
	園数	%
1-5人	7	35.0%
6-10人	7	35.0%
11-15人	0	0.0%
16-20人	2	10.0%
21人以上	3	15.0%
未回答・無効回答	1	5.0%
合計	20	100.0%

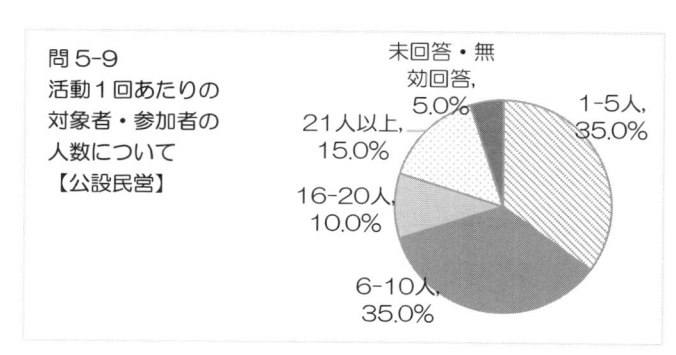

なお、活動内容A～Lに分けて集計すると、以下のとおりだった。

内容	A	B	C	D	E	F
	園数	園数	園数	園数	園数	園数
1-5人	54	3	4	15	5	20
6-10人	53	18	4	7	7	4
11-15人	10	9	3	2	4	1
16-20人	9	6	1	7	8	4
21人以上	8	12	0	2	12	2
未回答・無効回答	8	0	0	1	1	5
合計	142	48	12	34	37	36

内容	G	H	I	J	K	L	合計
	園数	園数	園数	園数	園数	園数	園数
1-5人	1	2	1	2	0	1	108
6-10人	0	3	0	1	1	3	101
11-15人	2	2	1	0	0	0	34
16-20人	1	0	0	0	0	0	36
21人以上	1	3	16	0	2	4	62
未回答・無効回答	0	1	2	0	4	2	24
合計	5	11	20	3	7	10	365

※網掛けは最も多い回答

⑩活動の実施頻度について

　全体では「月1回」が一番多く18.4%、区部は20.9%・市町村部は14.1%と区部が多い。「毎日」開催する園は全体では15.6%、区部14.3%・市町村部は17.8%と市町村部が多くなっている。

内容	N=365	
	園数	%
毎日	57	15.6%
週1回	18	4.9%
週2-3回	15	4.1%
月1回	67	18.4%
月2-3回	45	12.3%
年1回	21	5.8%
年2-3回	48	13.2%
年4-6回	47	12.9%
その他	34	9.3%
未回答・無効回答	13	3.6%
合計	365	100.0%

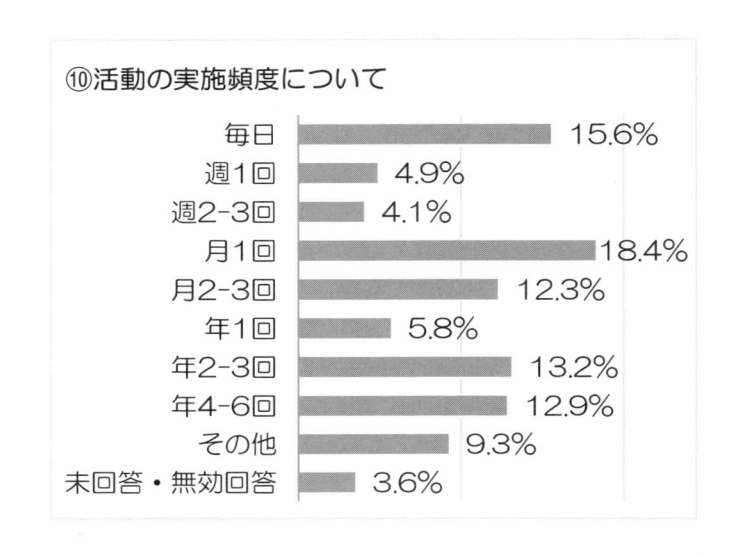

【区部】

内容	N=230	
	園数	%
毎日	33	14.3%
週1回	11	4.8%
週2-3回	8	3.5%
月1回	48	20.9%
月2-3回	24	10.4%
年1回	17	7.4%
年2-3回	35	15.2%
年4-6回	27	11.7%
その他	20	8.7%
未回答・無効回答	7	3.0%
合計	230	100.0%

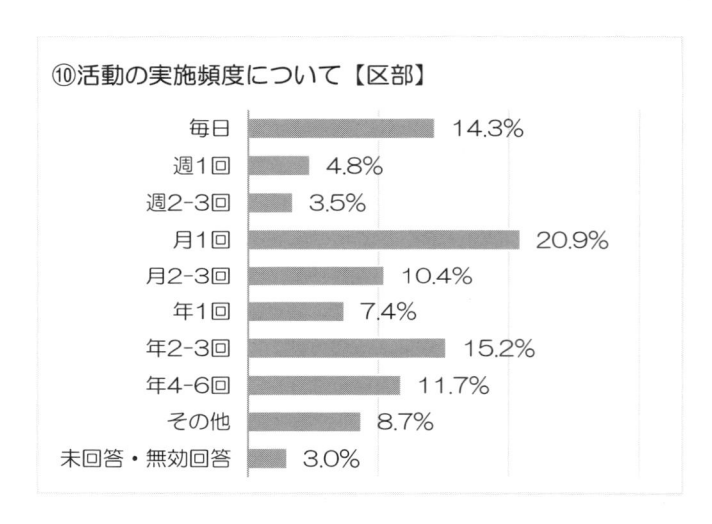

【市町村部】

内容	N=135	
	園数	%
毎日	24	17.8%
週1回	7	5.2%
週2-3回	7	5.2%
月1回	19	14.1%
月2-3回	21	15.6%
年1回	4	3.0%
年2-3回	13	9.6%
年4-6回	20	14.8%
その他	14	10.4%
未回答・無効回答	6	4.4%
合計	135	100.0%

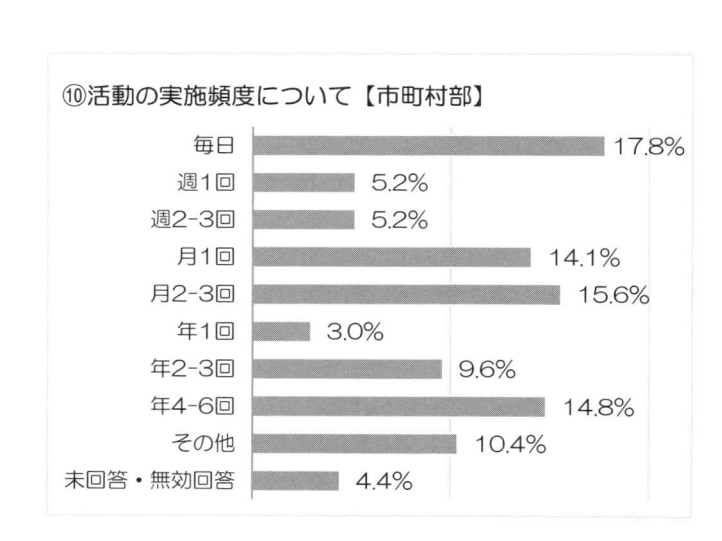

なお、活動内容A～Lに分けて集計すると、以下のとおりだった。

内容	A	B	C	D	E	F
	園数	園数	園数	園数	園数	園数
毎日	49	5	1	0	0	1
週1回	11	5	0	0	1	1
週2-3回	9	4	1	0	0	0
月1回	22	14	2	9	10	1
月2-3回	17	9	2	5	4	2
年1回	0	0	0	2	3	3
年2-3回	5	2	0	10	9	9
年4-6回	12	2	1	3	9	13
その他	10	7	3	4	0	5
未回答・無効回答	7	0	2	1	1	1
合計	142	48	12	34	37	36

内容	G	H	I	J	K	L	合計
	園数	園数	園数	園数	園数	園数	園数
毎日	0	0	0	1	0	0	57
週1回	0	0	0	0	0	0	18
週2-3回	0	0	0	0	1	0	15
月1回	0	5	2	0	1	1	67
月2-3回	2	2	1	0	0	1	45
年1回	0	1	9	0	1	2	21
年2-3回	2	2	5	0	4	0	48
年4-6回	1	1	2	1	0	2	47
その他	0	0	0	1	0	4	34
未回答・無効回答	0	0	1	0	0	0	13
合計	5	11	20	3	7	10	365

※網掛けは最も多い回答

⑪対象とする地域エリアについて（複数回答可）

園所在地の近隣を対象としている園が全体で70%以上である。

内容	N=365	
	園数	％
園所在地の近隣	261	71.5%
園所在地の小学校区	51	14.0%
園所在地の中学校区	48	13.2%
園所在地の市区町村	95	26.0%
その他	19	5.2%
未回答・無効回答	2	0.5%
合計	476	－

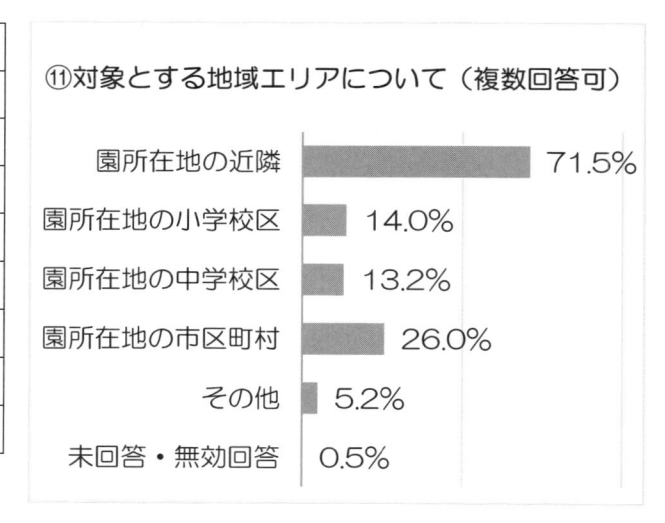

なお、活動内容A～Lに分けて集計すると、以下のとおりだった。

内容	A	B	C	D	E	F
	園数	園数	園数	園数	園数	園数
園所在地の近隣	94	38	7	26	33	16
園所在地の小学校区	7	3	0	6	7	15
園所在地の中学校区	5	3	0	5	2	19
園所在地の市区町村	46	13	6	8	3	10
その他	6	0	1	2	2	7
未回答・無効回答	1	0	0	0	0	0
合計	159	57	14	47	47	67

内容	G	H	I	J	K	L	合計
	園数	園数	園数	園数	園数	園数	園数
園所在地の近隣	4	9	17	1	7	9	261
園所在地の小学校区	1	2	8	0	1	1	51
園所在地の中学校区	1	2	8	0	0	3	48
園所在地の市区町村	1	1	5	1	0	1	95
その他	0	1	0	0	0	0	19
未回答・無効回答	0	0	0	1	0	0	2
合計	7	15	38	3	8	14	476

※網掛けは最も多い回答

⑫活動場所について（複数回答可）

　活動は、施設内の敷地(ホール、専用室、園庭）で行なわれている割合が高い。少数ではあるが、自治会館や法人施設、外部施設の利用もあった。

Ⅲ

内容	N=365	
	園数	％
園内ホール	222	60.8%
専用室	111	30.4%
園庭	181	49.6%
公園	49	13.4%
児童館・公民館	29	7.9%
他の保育園等	5	1.4%
小中高校等	24	6.6%
商業施設内	1	0.3%
神社・仏閣等の宗教施設	6	1.6%
社会福祉施設	31	8.5%
医療機関	4	1.1%
その他	71	19.5%
未回答・無効回答	4	1.1%
合計	738	-

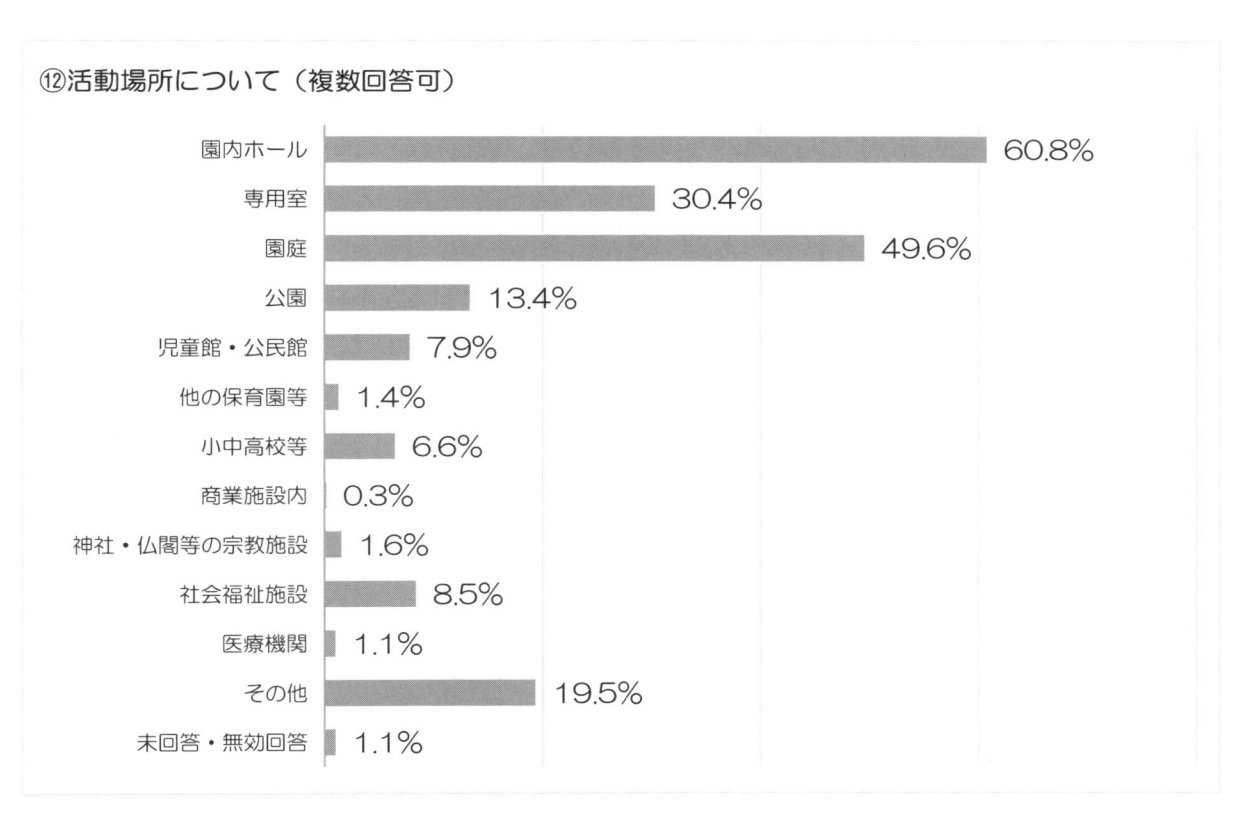

⑫活動場所について（複数回答可）

園内ホール	60.8%
専用室	30.4%
園庭	49.6%
公園	13.4%
児童館・公民館	7.9%
他の保育園等	1.4%
小中高校等	6.6%
商業施設内	0.3%
神社・仏閣等の宗教施設	1.6%
社会福祉施設	8.5%
医療機関	1.1%
その他	19.5%
未回答・無効回答	1.1%

なお、活動内容A～Lに分けて集計すると、以下のとおりだった。

内容	A	B	C	D	E	F
	園数	園数	園数	園数	園数	園数
園内ホール	85	35	4	22	21	27
専用室	60	23	4	6	3	7
園庭	85	29	5	11	8	21
公園	20	8	0	3	3	7
児童館・公民館	10	3	1	5	3	2
他の保育園等	0	0	0	1	0	0
小中高校等	4	0	0	0	4	5
商業施設内	1	0	0	0	0	0
神社・仏閣等の宗教施設	2	0	0	0	0	0
社会福祉施設	6	1	2	0	18	1
医療機関	0	0	0	0	1	0
その他	16	8	5	9	8	12
未回答・無効回答	1	0	0	1	0	0
合計	290	107	21	58	69	82

内容	G	H	I	J	K	L	合計
	園数	園数	園数	園数	園数	園数	園数
園内ホール	3	5	7	1	5	7	222
専用室	1	1	4	1	0	1	111
園庭	4	4	8	0	4	2	181
公園	0	2	2	0	1	3	49
児童館・公民館	1	1	3	0	0	0	29
他の保育園等	0	1	1	0	0	2	5
小中高校等	0	2	5	0	3	1	24
商業施設内	0	0	0	0	0	0	1
神社・仏閣等の宗教施設	0	0	4	0	0	0	6
社会福祉施設	2	0	1	0	0	0	31
医療機関	0	1	1	0	0	1	4
その他	0	4	5	1	1	2	71
未回答・無効回答	0	1	0	1	0	0	4
合計	11	22	41	4	14	19	738

※網掛けは最も多い回答

⑬活動1回あたりに要する経費について

5,000円以内が46.0%と半数弱を占めているが、50,001円以上も8件あった。

内容	N=365	
	園数	％
5000円以内	168	46.0%
5001-10000円	24	6.6%
10001-30000円	19	5.2%
30001-50000円	8	2.2%
50001円以上	8	2.2%
わからない	91	24.9%
未回答・無効回答	47	12.9%
合計	365	100.0%

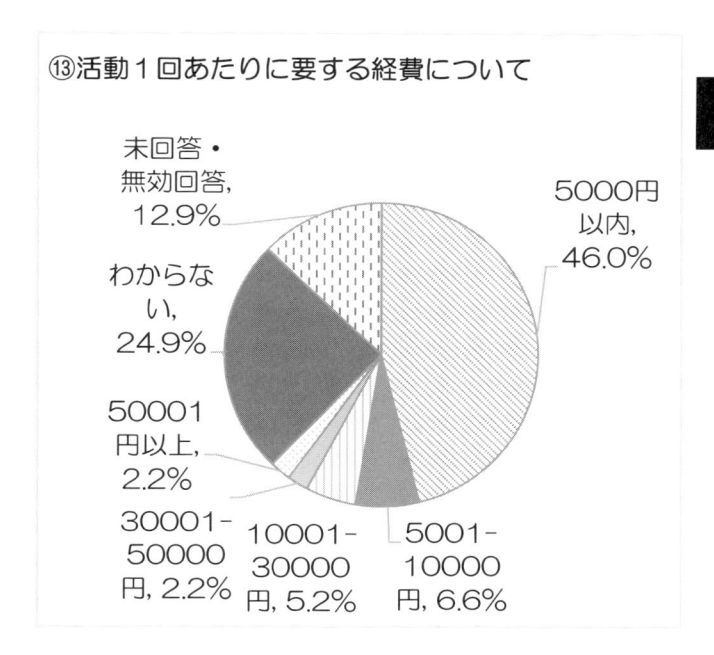

⑬活動1回あたりに要する経費について

なお、活動内容A〜Lに分けて集計すると、以下のとおりだった。

内容	A	B	C	D	E	F
	園数	園数	園数	園数	園数	園数
5000円以内	64	22	8	20	20	16
5001-10000円	7	2	0	4	3	3
10001-30000円	8	5	0	4	0	1
30001-50000円	2	1	0	3	0	0
50001円以上	1	1	1	0	1	0
わからない	43	13	2	2	5	12
未回答・無効回答	17	4	1	1	8	4
合計	142	48	12	34	37	36

内容	G	H	I	J	K	L	合計
	園数	園数	園数	園数	園数	園数	園数
5000円以内	3	5	5	0	3	2	168
5001-10000円	0	1	3	0	0	1	24
10001-30000円	1	0	0	0	0	0	19
30001-50000円	0	1	1	0	0	0	8
50001円以上	0	1	3	0	0	0	8
わからない	0	2	5	2	1	4	91
未回答・無効回答	1	1	3	1	3	3	47
合計	5	11	20	3	7	10	365

※網掛けは最も多い回答

⑭活動経費の支出項目について

おもに私立は施設会計、公立は市区町村で支出する傾向が高い。

内容	N=365	
	園数	％
施設会計	150	41.1%
法人会計	19	5.2%
特別会計	1	0.3%
共同募金等の公金	0	0.0%
個人寄付	0	0.0%
区市町村	80	21.9%
その他	18	4.9%
わからない	49	13.4%
未回答・無効回答	48	13.2%
合計	365	100.0%

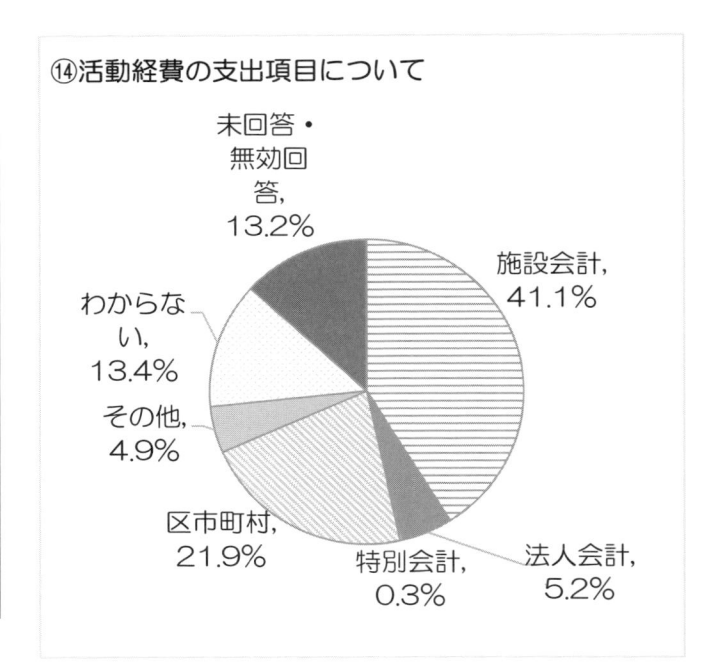

⑭活動経費の支出項目について

未回答・無効回答, 13.2%
わからない, 13.4%
その他, 4.9%
区市町村, 21.9%
特別会計, 0.3%
法人会計, 5.2%
施設会計, 41.1%

なお、活動内容A〜Lに分けて集計すると、以下のとおりだった。

内容	A	B	C	D	E	F
	園数	園数	園数	園数	園数	園数
施設会計	57	19	2	22	15	12
法人会計	9	3	0	1	2	2
特別会計	0	1	0	0	0	0
共同募金等の公金	0	0	0	0	0	0
個人寄付	0	0	0	0	0	0
区市町村	34	16	5	5	5	3
その他	2	1	1	2	2	2
わからない	22	3	2	2	4	13
未回答・無効回答	18	5	2	2	9	4
合計	142	48	12	34	37	36

内容	G	H	I	J	K	L	合計
	園数	園数	園数	園数	園数	園数	園数
施設会計	3	7	8	2	1	2	150
法人会計	0	0	2	0	0	0	19
特別会計	0	0	0	0	0	0	1
共同募金等の公金	0	0	0	0	0	0	0
個人寄付	0	0	0	0	0	0	0
区市町村	1	2	2	0	2	5	80
その他	1	0	3	1	2	1	18
わからない	0	0	2	0	1	0	49
未回答・無効回答	0	2	3	0	1	2	48
合計	5	11	20	3	7	10	365

※網掛けは最も多い回答

4　地域とのかかわりに関する活動について

　「地域とのかかわりがある」と回答した 506 園に対し、地域とのかかわりに関する活動の全般的な現状をきいたところ、以下の結果が得られた。

①地域住民や地域の関係機関に対する園の取り組みの理解を図るための広報活動について（複数回答可）

　ホームページに活動情報をアップしている園が最も多く、56.5%となった。チラシ、広報誌を公共施設に置いて情報発信している園も 30%以上の値となった。その他、「口コミを期待する」と回答した園も 15.6%であった。

内容	N=506	
	園数	%
定期的に広報誌を保護者へ配布	151	29.8%
定期的に広報誌を公共施設に置く	168	33.2%
活動別にチラシ作成し保護者へ配布	96	19.0%
活動別にチラシ作成し、公共施設に置く	158	31.2%
ホームページに活動情報アップ	286	56.5%
SNS を通して活動情報を発信する	11	2.2%
口コミを期待する	79	15.6%
自己評価の結果を公表する	42	8.3%
その他	116	22.9%
未回答・無効回答	15	3.0%
合計	1122	－

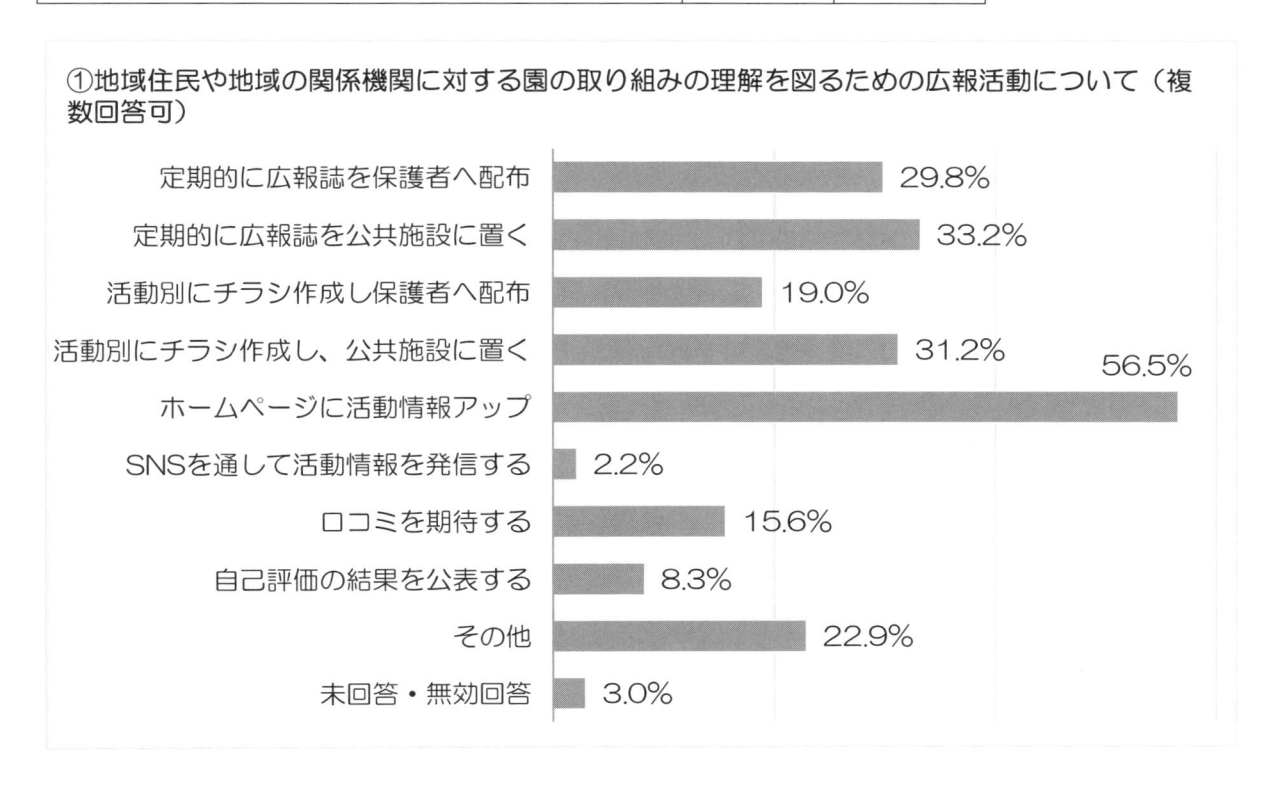

①地域住民や地域の関係機関に対する園の取り組みの理解を図るための広報活動について（複数回答可）

②地域住民や地域の関係機関との話し合いの機会について

　地域住民や地域の関係機関と話し合いの機会を持っているかの問いに、「機会はある」と回答したのは64.2％であった。

内容	N=506	
	園数	％
話し合いの機会はある	325	64.2％
話し合いの機会はない	108	21.3％
未回答・無効回答	73	14.4％
合計	506	100.0％

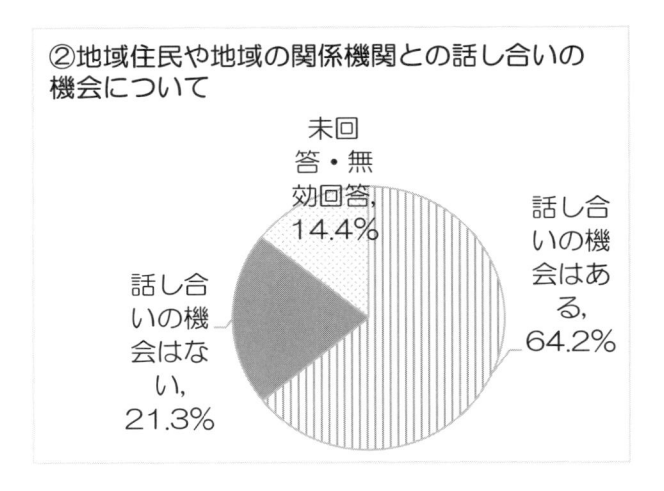

②地域住民や地域の関係機関との話し合いの機会について

③地域住民や地域の関係機関との話し合いの内容について（複数回答可）

　※上記②で「話し合いの機会はある」と回答された方のみ回答

- 地域との話し合いについては、行政が主導している「保幼小連絡協議会に参加し、意見交換」をしていると回答した園は、区部・市町村部とも60％近い。
- 「区市町村所管課の協議会で意見交換」と回答した項目では、区市町村で違いが見られた。区部は30.6％に対し、市町村部は48.3％と市町村部が高くなっている。
- 「地域の自治会等に参加し意見交換」と回答した項目では、区部が24.4％ 市町村部が32.8％と、この項目でも市町村部の方が高い数字となっている。
- 「要保護児童対策協議会で情報交換」という回答も、区部・市町村部とも40％近い数字となっている。

内容	N=325	
	園数	％
定期的に運営担当者会議を実施	70	21.5％
活動の前後に運営担当者と打ち合わせ・振り返り	102	31.4％
地域の自治会等に参加し意見交換	89	27.4％
区市町村所管課の協議会で意見交換	120	36.9％
保幼小等の連絡協議会に参加し、意見交換	186	57.2％
要保護児童対策協議会で情報交換	125	38.5％
その他	25	7.7％
合計	717	－

③地域住民や地域の関係機関との話し合いの内容について（複数回答可）

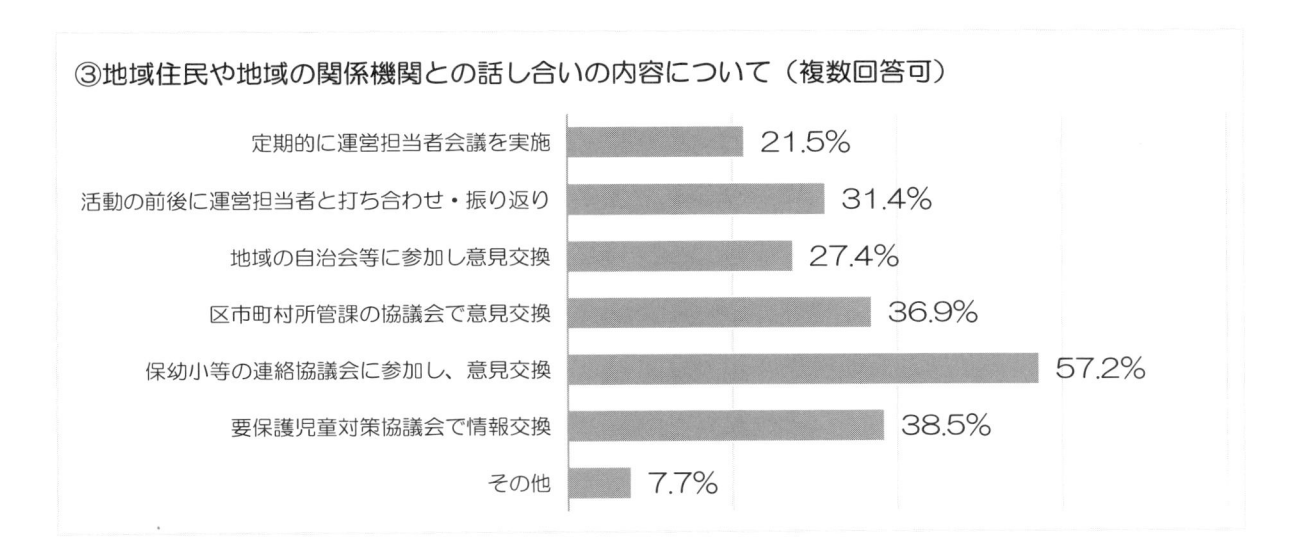

定期的に運営担当者会議を実施	21.5%
活動の前後に運営担当者と打ち合わせ・振り返り	31.4%
地域の自治会等に参加し意見交換	27.4%
区市町村所管課の協議会で意見交換	36.9%
保幼小等の連絡協議会に参加し、意見交換	57.2%
要保護児童対策協議会で情報交換	38.5%
その他	7.7%

【区部】

内容	N=209	
	園数	％
定期的に運営担当者会議を実施	46	22.0%
活動の前後に運営担当者と打ち合わせ・振り返り	64	30.6%
地域の自治会等に参加し意見交換	51	24.4%
区市町村所管課の協議会で意見交換	64	30.6%
保幼小等の連絡協議会に参加し、意見交換	117	56.0%
要保護児童対策協議会で情報交換	82	39.2%
その他	17	8.1%
合計	441	－

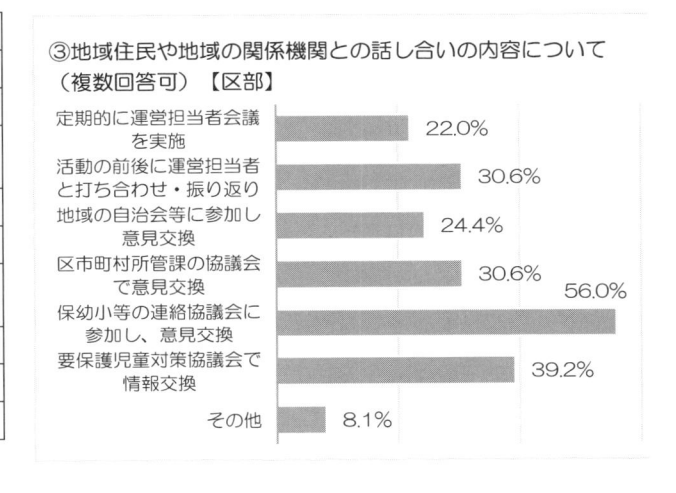

③地域住民や地域の関係機関との話し合いの内容について（複数回答可）【区部】

定期的に運営担当者会議を実施	22.0%
活動の前後に運営担当者と打ち合わせ・振り返り	30.6%
地域の自治会等に参加し意見交換	24.4%
区市町村所管課の協議会で意見交換	30.6%
保幼小等の連絡協議会に参加し、意見交換	56.0%
要保護児童対策協議会で情報交換	39.2%
その他	8.1%

【市町村部】

内容	N=116	
	園数	％
定期的に運営担当者会議を実施	24	20.7%
活動の前後に運営担当者と打ち合わせ・振り返り	38	32.8%
地域の自治会等に参加し意見交換	38	32.8%
区市町村所管課の協議会で意見交換	56	48.3%
保幼小等の連絡協議会に参加し、意見交換	69	59.5%
要保護児童対策協議会で情報交換	43	37.1%
その他	8	6.9%
合計	276	－

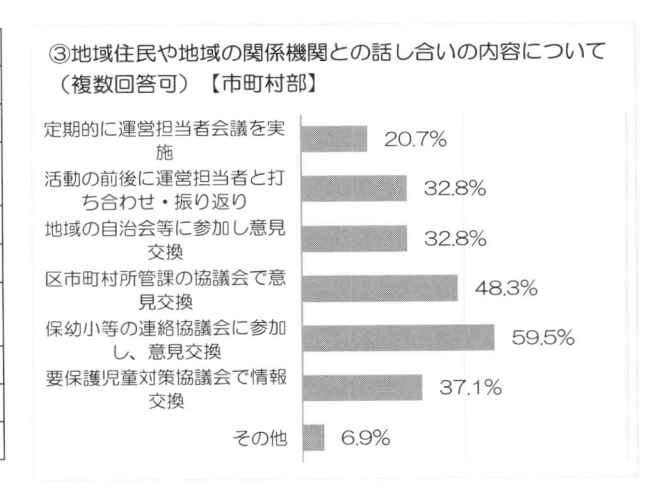

③地域住民や地域の関係機関との話し合いの内容について（複数回答可）【市町村部】

定期的に運営担当者会議を実施	20.7%
活動の前後に運営担当者と打ち合わせ・振り返り	32.8%
地域の自治会等に参加し意見交換	32.8%
区市町村所管課の協議会で意見交換	48.3%
保幼小等の連絡協議会に参加し、意見交換	59.5%
要保護児童対策協議会で情報交換	37.1%
その他	6.9%

④地域住民や地域の関係機関から信頼を得るために重視している事項について（複数回答可）

　一番多いのは、区部・市町村部とも「園行事への参加促進」で、5 割強とほぼ同じ割合となった。

　区部では、「近隣地域の特徴や住民の声を把握」という項目が、45.2%と 2 番目に高い回答になっている。「地域の実情に応じた地域子育て支援事業を展開」は、34.7%となった。

　一方、市町村部は、2 番目に多かった回答として、「地域の実情に応じた地域子育て支援事業を展開」（47.0%）という項目となり、区部と比較して 12%高い数字となっている。「近隣地域の特徴や住民の声を把握」は 39.9%となり、区部より 5%低い値となっている。くわえて、「自園の施設利用を推進」という項目では、区部が市町村部より 9%ほど低い数字となった。

　「近隣園と協力し小学校との意見交換」の項目では、区部 29.7% 市町村部 18.0%となった。

　「虐待防止のため地域の関係機関と情報交換」の項目では、区部が 21.1% 市町村部が 31.1%となった。一方、「地域の自治会等と協力し、地域の祭り等の運営」については、区部、市町村部ともに 10%前後と予想以上に低い数字となった。

内容	N=506	
	園数	%
近隣地域の特徴や住民の声を把握	219	43.3%
地域の実情に応じた地域子育て支援事業を展開	198	39.1%
自園の施設利用を推進	130	25.7%
園行事への参加促進	254	50.2%
保育方針等を情報発信	86	17.0%
地域の自治会等と協力し地域の祭り等運営	51	10.1%
近隣園と協力し小学校と意見交換	129	25.5%
虐待防止のため地域の関係機関と情報交換	125	24.7%
避難所を担うなど地域防災に貢献	40	7.9%
その他	17	3.4%
未回答・無効回答	54	10.7%
合計	1303	－

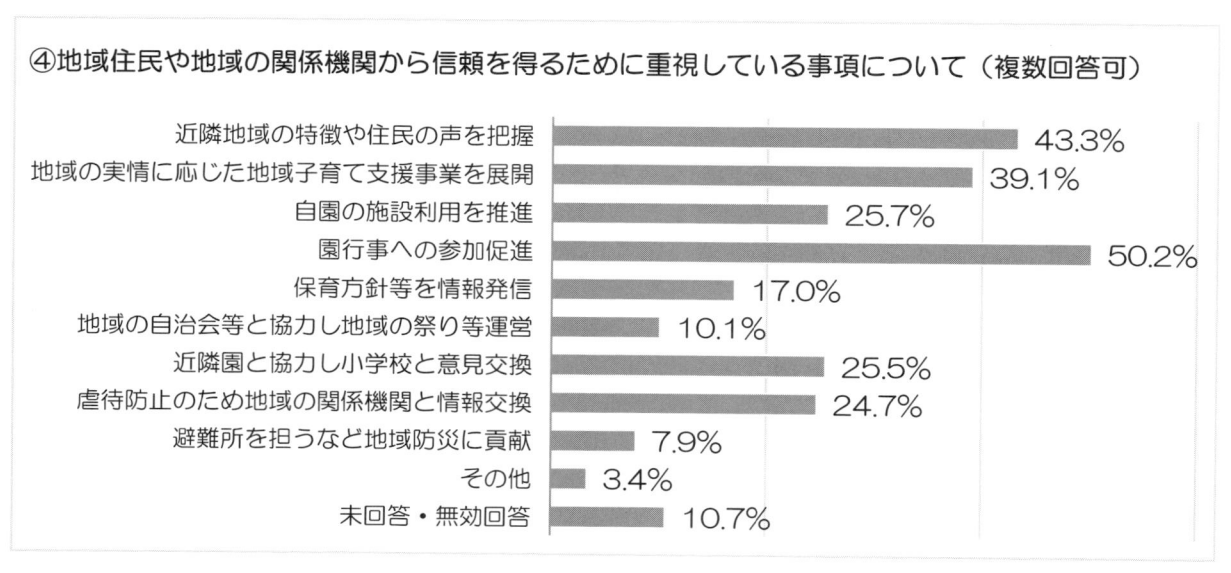

④地域住民や地域の関係機関から信頼を得るために重視している事項について（複数回答可）

近隣地域の特徴や住民の声を把握　43.3%
地域の実情に応じた地域子育て支援事業を展開　39.1%
自園の施設利用を推進　25.7%
園行事への参加促進　50.2%
保育方針等を情報発信　17.0%
地域の自治会等と協力し地域の祭り等運営　10.1%
近隣園と協力し小学校と意見交換　25.5%
虐待防止のため地域の関係機関と情報交換　24.7%
避難所を担うなど地域防災に貢献　7.9%
その他　3.4%
未回答・無効回答　10.7%

【区部】

内容	N=323	
	園数	%
近隣地域の特徴や住民の声を把握	146	45.2%
地域の実情に応じた地域子育て支援事業を展開	112	34.7%
自園の施設利用を推進	73	22.6%
園行事への参加促進	162	50.2%
保育方針等を情報発信	52	16.1%
地域の自治会等と協力し地域の祭り等運営	35	10.8%
近隣園と協力し小学校と意見交換	96	29.7%
虐待防止のため地域の関係機関と情報交換	68	21.1%
避難所を担うなど地域防災に貢献	25	7.7%
その他	15	4.6%
末回答・無効回答	38	11.8%
合計	822	–

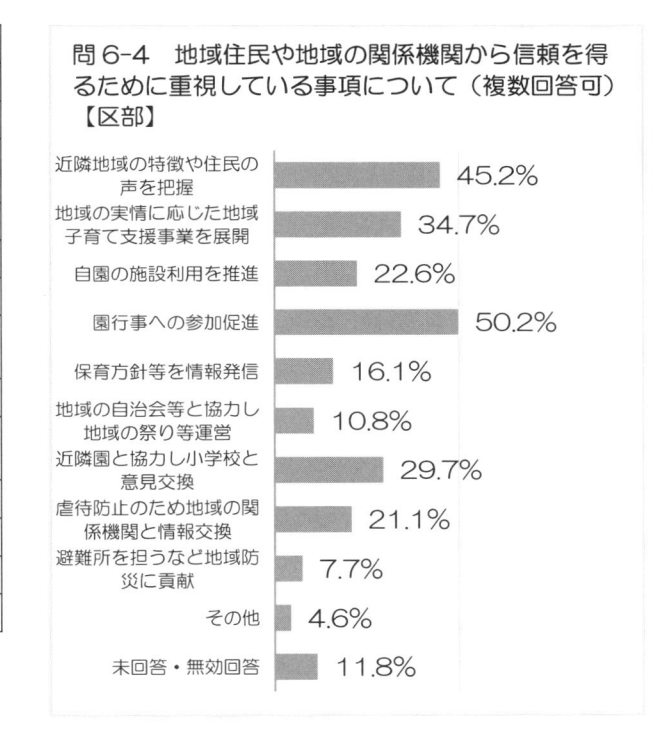

問6-4　地域住民や地域の関係機関から信頼を得るために重視している事項について（複数回答可）【区部】

【市町村】

内容	N=183	
	園数	%
近隣地域の特徴や住民の声を把握	73	39.9%
地域の実情に応じた地域子育て支援事業を展開	86	47.0%
自園の施設利用を推進	57	31.1%
園行事への参加促進	92	50.3%
保育方針等を情報発信	34	18.6%
地域の自治会等と協力し地域の祭り等運営	16	8.7%
近隣園と協力し小学校と意見交換	33	18.0%
虐待防止のため地域の関係機関と情報交換	57	31.1%
避難所を担うなど地域防災に貢献	15	8.2%
その他	2	1.1%
末回答・無効回答	16	8.7%
合計	481	–

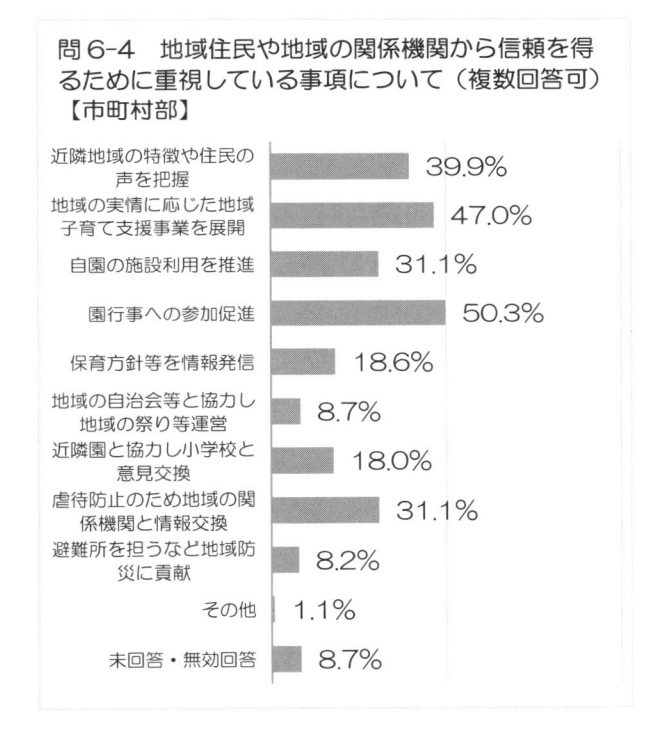

問6-4　地域住民や地域の関係機関から信頼を得るために重視している事項について（複数回答可）【市町村部】

⑤地域住民や地域の関係機関とのかかわりについて、今後の課題となる点について

342件の意見を頂いた。以下の6つのカテゴリーに分けて集計した。

①	地域住民とのかかわり方に関する意見（147件）
②	職員確保・意識に関する意見（35件）
③	活動場所の確保に関する意見（11件）
④	取組み（ノウハウ）に関する意見（64件）
⑤	関係団体や関係機関とのかかわりに関する意見件（55件）
⑥	その他（個人情報等）に関する意見（30件）

〔342件/511園中　回答率66.9%〕

それぞれのカテゴリーの主な意見として、以下の意見がみられた。

①地域住民とのかかわり方に関する意見（147件）

・地域に住んでいる未就園児の保護者の育児相談ができたり、地域住民の方にも保育園があって良かったと思ってもらえるように努力していかなければならない。地域とのコミュニケーション、信頼関係作りが課題の1つでもある。
・地域の自治会等のつながりが弱いのが課題。災害時等、近隣、地域の力が必要となるので協力体制を作りたい。
・待機児対策のため定員以上の子どもを受け入れている。子育て支援や地域住民とのかかわりの必要性は理解しているが、園長、副園長以外の職員が保育業務に加えて地域との連携のため業務を担うことは現状ではとても厳しい。
・マンション、アパート住民が増えている中で行事練習等でのお知らせを配っても理解が得られず苦情が来たり、トラブルになったりしている。
・限られた施設条件の中での活動展開はなかなか厳しい。子育てサークルに講師として参加しているがサークル等への参加者が変化していると感じています。育児不安をかかえたまま孤立する母子へのアプローチの仕方が課題であるが地域の関係機関も動ききれていない。待つ姿勢も必要だが孤立した母子を引き出すにはどうすれば良いか課題である。
・園独自で地域の方との交流を深めることが地域として難しく感じる。また、園のスペース上、開放や一時預りは不可能で、保育士の負担がとても大きくなる（地域交流を行うことで）ことを懸念している。保育士の人員確保、タワーマンション内の園として、地域との在り方を園として考えていく必要があるが今度も地域交流は無理に行う必要もないと感じている。
・地域の方が育児に困っている時、気軽に立ち寄って相談できる場が保育園の中に常設できると良いのだが、場所作りやサポートできる人材の育成が課題です。
・一時保護や虐待通報のケースが時々あって、その都度、ケースワーカー、保健師、児童相談所との適切なタイミングでの情報共有と連携が課題です（人によって差がある）。
・地域防災について、近隣の保育施設との連携は、少しずつ取り組みが進められて

いるが、町の自治会や商店、企業などとのつながりがないので今後の課題です。

②職員確保・意識に関する意見（35件）

- 公立保育園は職員の異動があり、園長、主任や一部の職員のみが知る活動になりがちである。職員が地域とどうつながっているか、又、つながることの重要性を認識することが大切である。
- 園のリーダー格がどのように働きかけをするかにより活動が変わってしまう。自分の園をどのように育てるか信念がないリーダーではよいものが育っていかないと考える。
- 地域の関係機関と連携をとっているが、様々なところからの誘いがあるが、園独自の活動・行事も多くあり全てと関わることが難しい。
- より園を開放して地域の方、子どもからお年寄りまでが安心して利用できる場となれるようにしたいが、まだ自園の体制が整っていない。又学童を終えた小学校の高学年の子どもたちの居場所づくりにもなれないかと模索中。何が出来るのか？何だったらできるのか？と言ったことを課題として前向きにとり組んでいきたい。

③活動場所の確保に関する意見（11件）

- 都心の施設は特に、人が多く集まる場合、車の往来や自転車駐輪等での苦情が入る。施設内にスペースがないのでどうするかが課題。
- 近隣に認証保育所や園庭のない保育所が出来ている。保育交流を通して公的資源の有効活用を図り連携強化を図りたい。地域住民に対しては引き続き利用しやすい保育園安心、居ごこちの良い保育園になれるよう丁寧な対応に心がけ、子育てのアドバイスをしたり地域の方が気軽に利用できる場所を提供できるようにしたりしていきたい。
- 乳児施設なので小学校との接続期における連携などができない。園庭のない園なので、公共の公園に出かけることが多いが、近隣の保育園も来ていることが多くゆずり合わなければならない。
- 小規模な園で少ない職員で保育園業務を進めていくのに余裕がなく、なかなか地域のかかわりまで広げていける状況ではない。職場のワークライフバランスが大きな課題。園舎、園庭が狭く、地域の子育て家庭への活動が難しい。

④取組み（ノウハウ）に関する意見（64件）

- 以前近隣の高齢者福祉事業所から園児と交流についての話しがあった。時間帯に折り合いがつかず交流はできなかった。園児にとっても交流は大切だと思うが生活時間帯の難しさを感じた。
- まだかけだしの園のため１つ１つ確認し、作りあげていく。
- うどん打ち、もちつきを行なってきたが、ノロウイルス等の感染症発生が危惧さ

れ取りやめている。日本の伝統行事をお年寄りとのふれあいの中で復活するには
どのような取り組みが出来るかみつけていくことが課題です。

⑤関係団体や関係機関とのかかわりに関する意見件（55件）

- 大規模災害が起きた時、どこまで地域の方の支援をするのかが決められず、いざ
  という時の自治会との連携が不透明である。当園が避難所となっていないので、
  行政からの支援も不透明。
- 公立保育園で地域との関わりが、まだ連携がなされていない面も多く、情報の共
  有や、周知の仕方など工夫が必要と感じている。他の公共機関とのつながりを持
  つ必要があり、至っていない。
- 特に関係機関とのかかわりの中では、担当がかわることで、今までのかかわりを
  もとに、さらにかかわりを深められる場合もあるが、その逆の場合もあるため、
  今までの活動、取り組みを理解してもらえるよう、話し合う機会を大切にしてい
  かなくてはいけないと感じる。

⑥その他（個人情報等）に関する意見（30件）

- 地域防災に貢献したり、協力してもらったり、協定関係が構築できると良いと思
  っている。幼小・中の連携はこれからも大切にすすめていきたいが、交流の時期
  の調整が難しいのが今後の課題だと思う。
- 今後の家庭環境や家族構成は、益々複雑化していくと思われる。それに伴い、抱
  える悩みも複雑多様化していくので、正しく聞き取り、素早く情報共有できるよ
  うハード面の構築が必要となる（個人情報の管理の問題もあるが、現在はやや原
  始的なやり取りで進められているので）。
- 個人情報の保護など、多くの近隣の方との交流になる不特定多数のまじわりによ
  り、危険性が増すこともある。安心して活動、交流ができるよう、特に保護者な
  どの利用者に理解と協力をあおぐこと。

※カテゴリーに拘わらず「災害時の連携」についてを課題としている保育園が 26 園あっ
た。

⑥その他自由意見について

いろいろな立場でご意見を頂いた。代表的なものを以下に掲載する。

①地域での活動に積極的な意見

- 初めてのこころみとして今年度地域の外国人との交流を子どもたちに持たせたいとある大学の留学生を保育園に招いた。子ども達は言葉の違いや国旗にも興味を持ち留学生と触れ合う中楽しい一時を過ごす事ができた。今後も続けていきたい。
- 地域とのパイプ役になっているファシリテーターのような存在の職員がいる園（例：まちの保育園）が増えていくといいと思う。
- 公立保育園の役割の中で地域との関わりは今後期待されていくものだと思う。公立園というしがらみをとり除き、広く地域との交流を図っていく事を今後検討していく事が大切なのではと思う。
- 子育て支援事業については、専用室がないので年長クラスの保育をやりくりして部屋を確保したり、人的に余力がなく園庭開放に来た親子に丁寧な対応ができなかったりする現状の中でも、必要性を自覚し継続して取り組んでいる。
- 職員からの提案、保護者からの提案、地域からの提案等の把握に努め、保育園が主体となって地域全体で取り組めるような活動になるとよい。職員の意識改革、発想の転換が必要。

②地域での活動には様々な問題が存在するという慎重な意見

- 今まで、何とかがんばってやってきましたが、保育士等や事務員不足のため、活動がむずかしいです。若い職員は休暇の要望がつよく、子育てしながら働ける環境を望む職員には地域活動は負担なのかもしれません。
- 法が改正され、今度増々地域との関わりが求められると思うが、本来公の責任で行政が行なう部分なども民間の社会福祉法人が肩がわり（押しつけ？）している部分も少なくないのではないか。その点もしっかりみながら我々社会福祉法人が何が出来るのかを考える必要があると思う。人材（職員）は限られている中でやることばかりが増えていくと本来の保育にしっかり向かえなくなり職員の疲労につながっていくと危惧するところです。

③中間的な意見

- "地域"という意識が近隣住民も保護者も職員も薄い中で"かかわり"を事業とするのには、形骸化という危険性を感じる。補助金を受けることを目的とした事業は自ら行き詰まりが見えて来るのではないでしょうか。日々の生活の息使いを感じ合えるという所にまで立ち戻ることが必要だと思います。
- 自治会にも入りたいと考えているが、委託園という立ち場にあり、「区の立場で参加する」という所では意見を言う難しさを感じる。又、加入金も運営費の中からは出費できない為、個人負担とするかどうか悩み、今だに入っていない状態である。

5 地域とのかかわりがない園の概要

「地域とのかかわりがない」と回答した5園に対し、地域とのかかわりの現状をきいたところ、以下の結果が得られた。

①地域住民や地域の関係機関とのかかわりがない現状について

「かかわりがない」と回答された方たちも「問題だと思う」「改善したいと思う」等、すべての園で問題意識をもっている。園児数、開設年、設置主体による差はみられない。

内容	N=5	
	園数	%
問題とは思わない	0	0.0%
問題だと思う	1	20.0%
改善したいと思う	3	60.0%
わからない	0	0.0%
未回答・無効回答	1	20.0%
合計	5	100.0%

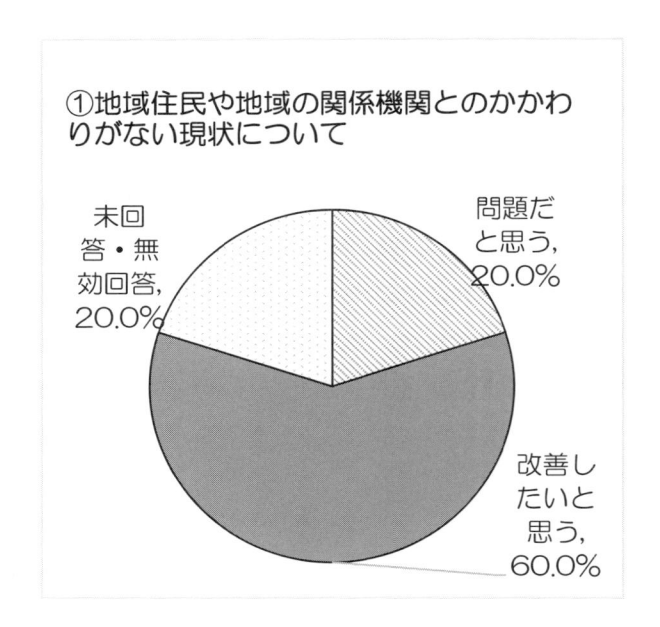

①地域住民や地域の関係機関とのかかわりがない現状について

【規模別】

内容	小規模（～50名）		中規模（51～100名）		大規模（101名～）	
	園数	%	園数	%	園数	%
問題とは思わない	0	0.0%	0	0.0%	0	0.0%
問題だと思う	0	0.0%	1	25.0%	0	0.0%
改善したいと思う	0	0.0%	2	50.0%	1	100.0%
わからない	0	0.0%	0	0.0%	0	0.0%
未回答・無効回答	0	0.0%	1	25.0%	0	0.0%
合計	0	0.0%	4	100.0%	1	100.0%

【開設年別】

内容	1960年以前		1961～1980年		1981～2000年		2001～2010年		2011年以降	
	園数	%	園数	%	園数	%	園数	%	園数	%
問題とは思わない	0	0.0%	0	0.0%	0	0.0%	0	0.0%	0	0.0%
問題だと思う	0	0.0%	0	0.0%	0	0.0%	0	0.0%	1	33.3%
改善したいと思う	0	0.0%	1	100.0%	0	0.0%	0	0.0%	2	66.7%
わからない	0	0.0%	0	0.0%	0	0.0%	0	0.0%	0	0.0%
未回答・無効回答	0	0.0%	0	0.0%	0	0.0%	0	0.0%	0	0.0%
合計	0	0.0%	1	100.0%	0	0.0%	0	0.0%	3	100.0%

【設置主体別】

内容	公立		私立		公設民営	
	園数	％	園数	％	園数	％
問題とは思わない	0	0.0%	0	0.0%	0	0.0%
問題だと思う	0	0.0%	1	33.3%	0	0.0%
改善したいと思う	1	50.0%	2	66.7%	0	0.0%
わからない	0	0.0%	0	0.0%	0	0.0%
未回答・無効回答	1	50.0%	0	0.0%	0	0.0%
合計	2	100.0%	3	100.0%	0	0.0%

Ⅲ

②地域住民や地域の関係機関とのかかわりがない理由について（複数回答可）

「地域との接点がない」が一番多く、おもな理由であった。

内容	N=5	
	園数	％
在園する子どもと保護者に専念したい	1	20.0%
地域からの要請がない	3	60.0%
地域との接点がない	4	80.0%
対象者が分からない	1	20.0%
実施方法が分からない	1	20.0%
活動スペースがない	2	40.0%
職員の負担が増える	2	40.0%
担当する職員を確保できない	3	60.0%
予算確保が難しい	0	0.0%
参加者確保の見通しが持てない	2	40.0%
近隣住民の理解が得られない	1	20.0%
その他	1	20.0%
合計	21	－

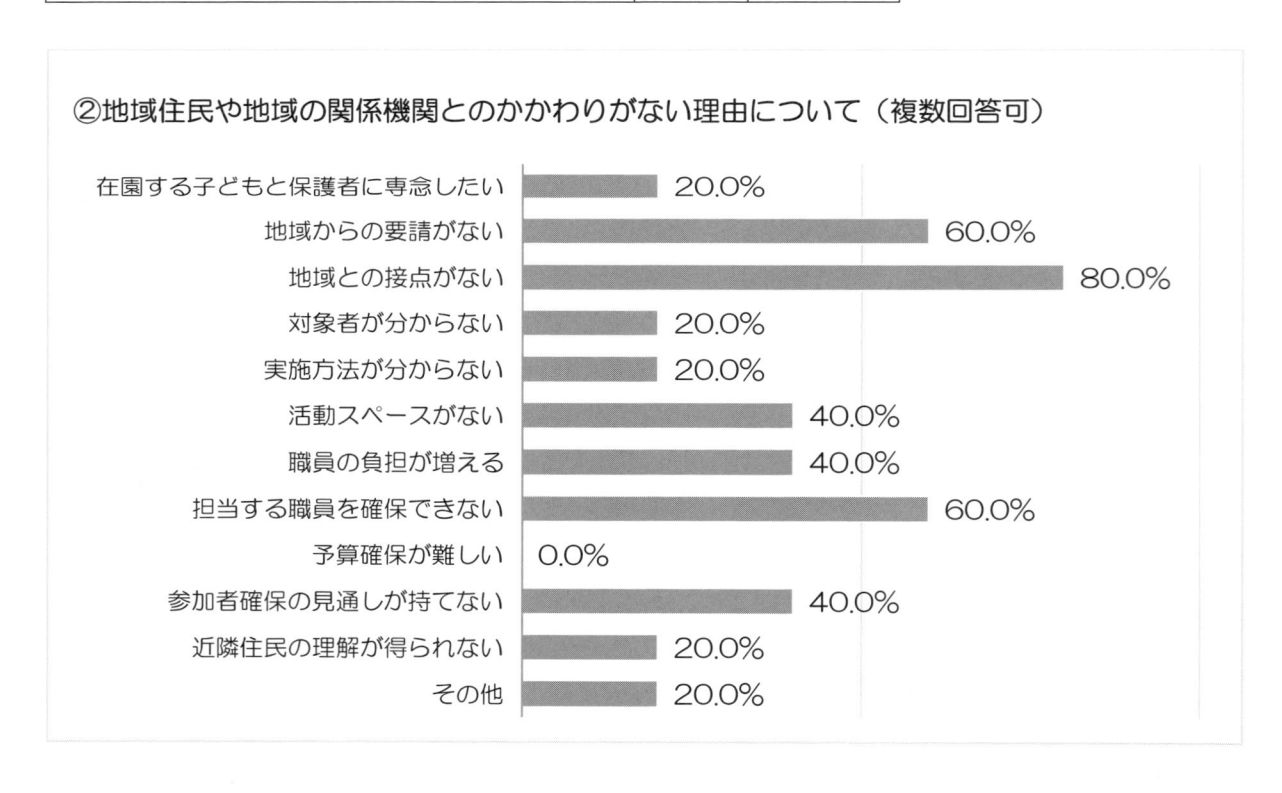

②地域住民や地域の関係機関とのかかわりがない理由について（複数回答可）

在園する子どもと保護者に専念したい	20.0%
地域からの要請がない	60.0%
地域との接点がない	80.0%
対象者が分からない	20.0%
実施方法が分からない	20.0%
活動スペースがない	40.0%
職員の負担が増える	40.0%
担当する職員を確保できない	60.0%
予算確保が難しい	0.0%
参加者確保の見通しが持てない	40.0%
近隣住民の理解が得られない	20.0%
その他	20.0%

③地域住民や地域の関係機関とのかかわりを実施する場合、重視したい条件について（複数
　回答可）

　　「在園する保護者の理解」「地域との接点」がともに8割であった。

内容	N=5	
	園数	％
在園する保護者の理解	4	80.0%
地域からの要請	3	60.0%
地域との接点	4	80.0%
対象者の明確化	3	60.0%
実施方法の取得	3	60.0%
活動スペースの確保	2	40.0%
職員の増員	2	40.0%
専門担当職員の確保	1	20.0%
予算確保	0	0.0%
参加者確保	2	40.0%
近隣住民の理解	2	40.0%
その他	0	0.0%
合計	26	－

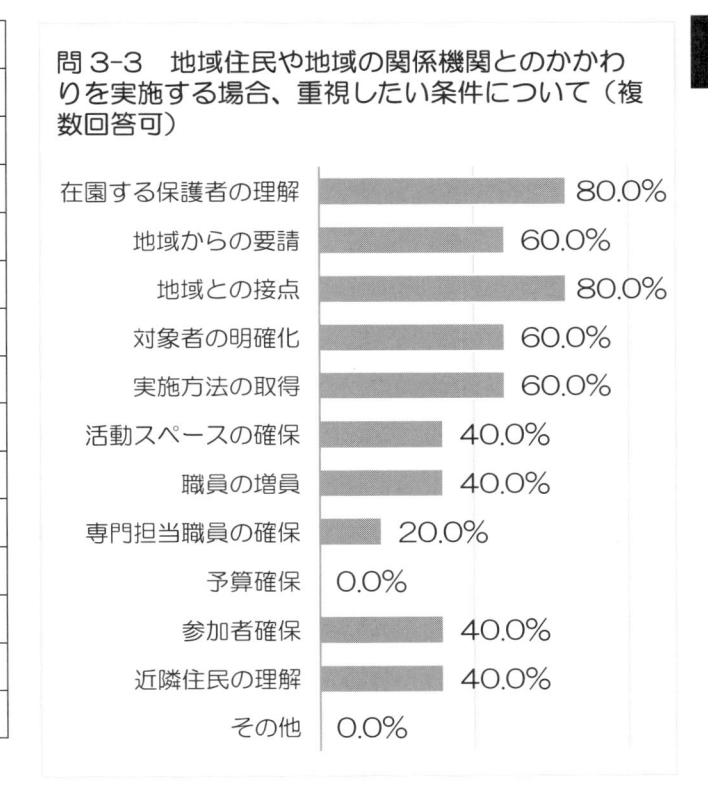

問3-3　地域住民や地域の関係機関とのかかわりを実施する場合、重視したい条件について（複数回答可）

④その他、自由意見について

　　「開園したばかりでまだ外部に目を向けられない」「地域に根差した保育園になるよう、
　また互いが助け合える関係性を築いていきたい」という意見があった。

Ⅳ　ヒアリング調査のあらまし

1　調査対象

アンケート調査にて「ヒアリング調査への協力」について、「可能」と回答いただいた保育園のなかから、調査研究委員会において、区部・市町村部、公立・私立の区分を考慮し選出した５園

	地域	種別	内容
①	区部	公立	地域と連携した防災訓練の事例
②	区部	私立	新設保育園として新しく地域とかかわる事例
③	市町村部	私立	歴史ある保育園の地域とかかわる事例
④	市町村部	公立	地域の資源と連携している事例
⑤	市町村部	私立	建設時から地域とかかわる工夫をした事例

2　実施方法

委員が該当保育園へ訪問し、ヒアリングにより、具体的な活動内容等について調査をおこなった。

3　実施時期　　平成 30 年 8 月 25 日～9 月 12 日

V　ヒアリング調査結果

1　地域と顔でつながり助け合う関係を指標する保育園の取組

防災訓練などを通して少しずつコツコツと
地域との交流・連携を築きあげたい

ヒアリング協力園	世田谷区立南八幡山保育園
運営主体	世田谷区
所在地	世田谷区八幡山 3-9-20-101
ヒアリング協力者	園長　池上　明美　先生
園の概要	都営団地の 1 階のワンフロアーの施設なので、異年齢の交流が自然にもて、一緒に遊んでいます。近くの蘆花恒春園など色々な公園へ散歩に出かけたり、園庭のミニ菜園で野菜を育てています。

　当園は都営団地 1 階に設けられたワンフロアーの施設なので、異年齢との交流が日常の中で自然に持て、年齢を超えて一緒に楽しく遊んでいます。周囲は住宅街ながら自然が豊かで、園児達は近くに点在する公園に散歩に出かけ、園庭のミニ農園で野菜を育てています。

　地域に向けての活動の中で最も重視しているのは、毎年実施している「防災訓練」です。これは当園がある都営団地の 2 棟の住民の方々と、「顔でつながる関係づくり」と「助け合う関係づくり」を目的とし、近隣の私立園もお誘いしながら、地震や火災発生時など緊急時における避難訓練や防災物品の紹介などを行っています。

　この防災訓練は、当園が毎月避難訓練を行っている事を知った住宅供給公社の方からの依頼を受けてはじまりました。園の訓練に地域住民の方にご参加いただくという形になっています。この地域は高齢者の方が多いという事もあり、なかなか地域主導での防災訓練の実施が難しかったという状況があります。交流参加という形で、保育園の存在がお役に立てている事はうれしいかぎりです。

　先日実施した訓練の際にご参加いただいた住民の方のお一人から、「このあたりは、朝すごく静かなんだけど、そんな中で子ども達の声を聞くと何か元気になるよ」というお話をいただきました。子どもたちは地域の方々に見守られながら育っていく事を感じ、本当にあたたかい思いがひろがりました。

（防災訓練の様子）

　当園の周りは樹木が多く落ち葉が後を絶ちません。ご高齢者の方は落ち葉掃除にまで手をかけることが厳しく、園の用務職員が朝と夕方に掃き

掃除をしていると、「いつもありがとうございます」と言ってくださいます。また、園児達がひまわり農園の水やりをしていると、側を通る方からも気さくに声を掛けていただいたりします。そういった日々の関わりもあって、少しずつですが地域と良い関係が築けていると思います。

　今ではこのように地域との交流ができて来ていますが、私がここに赴任した時は右も左も分からない状態で正直不安が先に立ちました。そんな時、助けてくださったのが、地域の安全を見守ってくださっている駐在所の警察官の方でした。前述しました防災訓練の際にもご協力をいただき、訓練の最後には警察官の立場から、非常時における注意事項などを園児達が分かりやすいように丁寧にお話をしてくださいます。他にも不審者訓練や卒園前に交通安全指導や運動会の警備など、ご協力いただいています。折に触れていつでも立ち寄ってくださるので、子ども達が警察官の方を「おまわりさん」ではなく、名前で呼ぶくらい存在が身近になっています。

　警察官の方は幼稚園や小学校にも行ってらっしゃるので、安全面について様々な情報も伝えて下さいます。それもあって、今では幼稚園や小学校などにも話をしに行きやすくなり一歩ずつですが連携を築く事ができ始めています。年長児と幼稚園児との交流や小学校開催の自主研修への参加も誘っていただきました。地域のお祭りで幼稚園児が踊る盆踊りに、「来年は、一緒に踊りませんか」と声をかけてくださり、『自分から一声かけること』『一歩前に出ること』『行動すること』によって次に繋がるのだという事を実感しています。

　地域との交流においては、子育てをされている方にもっと参加して欲しいと思っています。月に一回、午前中に実施している地域の親子に遊びの場を提供する「にこにこひろば」という地域交流もあるので、是非遊びに来ていただき、お母さん達との関係を築いていきたいと思います。

　少しずつコツコツとですが、私達はこれからも「地域に根ざした保育園」としてやっていきたいと思います。

（ヒアリング日：平成30年9月5日）

＜訪問者の感想＞　　「駐在所の警察官による地域の橋渡し」

　周囲にはマンション等高い建物もなく、都営団地とのつながりが大きかったこともあり3年前に住宅供給公社からの依頼で防災訓練を行うようになった。園長は保育園が団地内にあるからこそ保育園からお誘いしようと思ったと言う。

　初年度は住宅供給公社の方と一緒に各家庭を回って誘い、保育園のアルファー米を食べ、2年目は消火器訓練をするなどの取り組みを行ってきた。都営住宅は高齢者が多くご意見も多かったが、日々の挨拶や落ち葉掃き、防災訓練を保育園と共に取り組むことで関係は感謝に変わっていった。都営住宅の参加者は高齢化もあり徐々に少なくなっているが、園長は声をかけ続けることが大事だと考えているようだ。地域の関係機関や近隣の方々と顔の見える関係となり、いざという時に協力できる関係が大事と考えている。

　駐在所のおまわりさんのお人柄と園長との関係が良好で、その方から幼稚園、小学校への橋渡しをしてくれるなど地域がつながっていった。子どもたちは駐在さんを「おまわりさん」とは呼ばずに名前で呼び保育園の外で会っても挨拶するなど根付いている。今年は警察署にあるパンフレットをいただき、子どもたちが段ボールトイレの体験を行うなどユニークな取り組みを行っていた。園長は今後、子育て世代の参加を望んでいる。

（調査研究委員会 A グループ）

V

2 新設で地域とまったく繋がりがなかった保育園の取組

園生活と地域交流の中で、
子ども達の心に何かが芽生えて残ればと願う日々

ヒアリング協力園	ココファン・ナーサリー等々力
運営主体	株式会社学研ココファン・ナーサリー
所在地	世田谷区等々力4-2-12
ヒアリング協力者	園長　福山　忠子　先生
園の概要	「すべての人がゆたかに生きることを願い今日の感動・満足・安心と明日への夢・希望を提供します」を保育理念にかかげています。定員は80名、2階建ての園舎の保育園です。

平成28年4月1日に開園し、ココファン・ナーサリー等々力は3年目を迎えます。新しい園として建設されましたが、近所の方から「子どもの声で力がもらえるね」などと応援してくださっていると大工さんからお話を伝え聞いたりしていたので、異動して園長として始めるにあたって私もちょっと安心した事を覚えています。

でも、立ち上げの際には土地勘がまったく無かったので、そこでまず近所の保育園を探してご挨拶に行って、交流会など何かやらせていただけませんか？とお話をして回らせていただきました。

近隣には2園の保育園がありましたが、ココファン・ナーサリー等々力は当初は年長が男女2人ずつ合

（ココファン・ナーサリー等々力園舎）

計4人しかいなかったので、遊びの中から見える事、分かる事があるのかもしれないと考え、それぞれの園に連れ立って訪ねさせていただき、遊びの交流から始めさせていただきました。

その過程で避難訓練の活動にも参加させてもらい、そこで地域の消防団の方々の活動を見せていただいたり、団員の方から地盤などの地域特性に関する地元ならではの情報も聞く事ができ、とても貴重でした。

他にも演劇を観たり、一年目から他園との交流でいろいろな活動や遊びに関わらせていただく事ができ、地元の様々な情報も吸収する事もできて大変ありがたかったです。特にドッジボールは、他園の年長さん同士と仲良くなれるため、小学校に上がった時に顔見知りがいるという、子ども達の安心感にもつながっています。

これは立ち上げ前の話ですが、地域の中の園として何か積極的に発信していかなくてはいけないと思ったので、給食の材料を発注する所は、牛乳屋さんやパン屋さん、お肉屋さんや

お魚屋さんなど、全部自分でアタックして回りました。やはり何かあったら助けていただくのは地域の方だと思った事もあったからです。そんな風に地域と繋がっていくと、お米屋さんから「稲が在るけれども田植えしてみる？」と言ってくださって一年目からバケツで田植えをしました。やり方もしっかりお米屋さんが教えてくださって、出来たお米は少しでしたが、脱穀機も貸してくださったりして、そのお米で年長さんが

（近隣保育園のお友達と、みんなで遊びました）

おにぎりを作って職員と一緒に食べたりとか、子ども達にとって大変良い体験ができています。そんな風に地域の方のご協力は本当にありがたいです。

　これからの目標としては、地域の中で一人で子育てしている方にもっと保育園に遊びに来てもらいたいと思っています。今、虐待も社会問題になっていて、自分の子育てに疑問を持っている人、病気の事などで悩んでいる人もいると思います。そこは保育園として何かしらの形でコミュニケーションを取りながら、「保育園に遊びに来ませんか」というふうに繋げていきたいと思っています。

　それと地域のお年寄りの方々と子ども達がふれあう活動も行っているのですが、そういった活動の中で、何かしらの想いや考えが子どもの中に残ってくれたらうれしいと思います。もちろん大きくなった時にどういう道に進むかは分かりませんが、園での毎日はもちろん、地域との交流やおじいちゃんやおばあちゃんとの交流の中で何かが心に芽生えて、それがその子の人生の中で

（みんなでカルタをしました）

ちょっとした刺激や想い出となり、そこから何か自分の好きな道を見つけられる良いきっかけになればいいなと日々思っています。

（ヒアリング日：平成30年8月27日）

<訪問者の感想>「熱い思いで地域に飛び込む」

　東急大井町線尾山台駅より３分の所にある平成28年４月１日に開設したばかりの園である。線路が園舎脇にあり大井町線の電車が保育室から眺められる環境にあっても騒音はなく、又保育室の床は転んでも大怪我に繋がらないようクッション材が入っていたり、ドアも指を挟まないように隙間を施していたり、建物にも優しさを感じられる。

　地域の中で子育て支援をスタートさせるための苦労は並大抵ではなかったと思う。園長自ら給食材料の発注先を実際に足を運んで探し回ったり、近隣の保育園や小学校などのつながりを求めたく連絡を取ったり、園のため職員が働きやすい職場であるために奮闘されていた。

　そして今もなお職員の資質向上のため主任とともに具体的な方法を考えている。

（調査研究委員会Ｂグループ）

3　歴史ある地域にとけ込む保育園の継続的取組

保育園が積極的に地域に出て行く事で、
豊かな交流と深い信頼が生まれる

ヒアリング協力園	諏訪の森保育園
運営主体	社会福祉法人至誠学舎立川
所在地	立川市柴崎町 1-4-4
ヒアリング協力者	園長　齊藤　佐知子　先生
園の概要	法人の理念「まことの心」を基盤に「大きな一つの家族として、共に育ち合える家庭的な保育」を目指します。全年齢の保育室を 1 階に配置し、年齢に関係なく混じり合える空間をつくり、子ども同士のつながりから生まれる心を大切にしています。

諏訪の森保育園は、ＪＲ中央線立川駅の南口から徒歩 10 分ほどの諏訪神社に隣接した閑静なところにあり、四季折々に豊かな自然に親しむ事ができる保育園です。園庭にはみかんやざくろ、ぶどうの木があり、子ども達は虫集めに夢中になるなど、元気な声が諏訪の森に響き渡っています。

地区との交流活動としては、立川市柴一協和会の町会に所属して町内活動と密接に連携していて、年間を通して多彩な取組が成されています。

7 月の夏まつりでは、町会の文化部から盆踊りの指導を受けており、当日は地域の方や卒園生（小学校 3 年生まで）を招待して在園児約 115 名他、卒園児の兄弟姉妹、保護者の皆様を含めると 200～300 名ほどの「大きなひとつの家族」となり、なつかしい話でいっぱいの同窓会になります。夕方 4 時頃から 7 時まで盆踊りを楽しみ、スーパーボールすくいやヨーヨーなどの遊びのコーナーやお菓子のお店などが展開されて、たくさんの笑顔が弾みます。7 月末には町会の盆踊り大会があり、ヨーヨーの出店をして楽しんでいただき、卒園生の近況も把握できる場となっています。

（諏訪神社例大祭の山車が到着）

8 月の諏訪神社例大祭は、地域との交流の中でも大きなポイントを占める催しで、平成 8 年頃から他の地区も参加して山車を曳き合いますが、100 人から 200 人ほどにもなるその曳き手さん達のお休み処として園庭を開放。おでんや飲み物を提供しながら、地域の方々や園児達が楽しく交

流できる場ともなっています。

　9 月に行われる運動会では、プログラムに未就園児、来賓、卒園生などが参加できるラケットリレーやパン食い競走などがあり、地区会長をはじめ地域の方々も含めた「みんなで楽しむ運動会」を開催しています。

　11 月上旬の町内敬老会では、保育の週間プログラムとして組込まれている「日本舞踊」を毎月 4 回、週 1 回のスパンで 2 歳児から 5 歳児を対象に行い、高齢の方には馴染みのあるさくらさくらやソーラン節などの歌や舞いを、年長さんはこの会が成果を披露する良い機会となっています。

　このように、諏訪の森保育園の年間行事への取組は、四季折々の風情を感じたり、日本の文化を伝承させる事で心が豊かになるものであり、参加者の一体感も生まれて、「また来年も参加したい」という気持ちの芽生えが、行事を脈々と繋げていけるゆえんなのではないでしょうか。

　また、こういった行事での場は、卒園生や保護者の方々、特に小学 1〜2 年生の卒園生の近況確認や様々な情報交換の場ともなっており、卒園した子ども達の活躍する様子をうかがい知れるようにもなっています。

　これらの行事を通して地域ニーズを把握しやすい利便性を活かして、独居の方への声かけの支援が可能なのではないか、また同法人で近隣にある高齢

（卒園児やさまざまな方が来園します）

者を支援する場であるコミホームでは、毎月誕生日会、歌、体操、お話などを開催しています。園では月毎に訪問をして歌をうたったり、お話をして時々折り紙や手作り教材のおみやげをいただいて帰ってきます。今年度は「高齢者カフェ」の開催を予定しています。園児との交流がさらに深まり、園行事への招待や日常生活がお互いに豊かになるのではないかと考えています。

　その一方で、子ども達の不登校や心配事があると、仲の良い友人を通して電話や手紙などで連絡をして、園でのボランティアを勧めています。それに参加した子ども達は、園児との遊びや触れ合いの中で安心感を抱き、お手伝いする中で自分の存在感を確かめる事で自信と自尊心を取り戻しているのではないかと思います。

　そういった地域に根ざした様々な活動は、園にこもるのではなく、「園が積極的に地域に出て行く」という考えのもとにあり、これから保育園が生き延びて行くにはそういった姿勢をますますふくらませる事にあるのかもしれません。

　諏訪の森保育園がたたずむ柴崎という地域は、立川の中でも特に歴史のある古いエリアであり、隣接する諏訪神社も 1400 年もの歴史を誇ります。近隣の小学校は日本で二番目ぐらいに古いともいわれ、そのため住まう人達はこの土地にとても愛着を持っています。だから

こそ人の絆もとても強く、園も後から入って来て 20 年が経過した現在、おかげさまでいろいろな事を地域にお願いできたりするような好関係になっています。

　「地域に対して園を発信し続ける事」。諏訪の森保育園は、これからもその意識を持ち続けていきたいと思います。

（ヒアリング日：平成 30 年 8 月 25 日）

V

＜訪問者の感想＞　「地域の行事に積極的に出ていく」

　諏訪の森保育園のある地域は、立川の中でも特に歴史のある古いエリアである。

　園の方針に「保育園が積極的に地域に出ていくことで、豊かな交流と深い信頼が生まれる」とあるように、地域に根差した関わりの絆はすごく強く、職員採用の際は、この園の方針を入職時に理解していただき、地域行事への参加も保育士の仕事の一つとして捉え、積極的に実行している。

　『地域の人に保育園が何をしてあげると言う考え方ではなく、地域の一員として、保育園があり』、地域の行事に園から出ていくことが大事であるということを学んだ。

　又、卒園した後も子どもたちと地域の行事を通して、切れ目のない関わりを持ち続けられている。

　『地域の行事に参加するという考え』で、地域交流を行って来た中で、地域の方々からも、深い信頼を得ているのではないかと感じた。

（調査研究委員会 C グループ）

---

4 地域の児童館などと連携しながらの保育園の取組

保育園が地域で子育てをしている
お母さん達の一助に少しでもなればうれしい

ヒアリング協力園	立川市立高松保育園
運営主体	立川市
所在地	立川市高松町 1-18-7
ヒアリング協力者	副園長　渡邉　詠子　先生
園の概要	「豊かな心、健康な身体、自分で考え行動する力」を保育目標に、生きる力をはぐくみ、一人ひとりを大切にした丁寧な保育を心がけています。

　立川駅からほど近くにありながらも、静かな住宅街の中、熊野神社の隣にある小さな保育園、それが立川市立高松保育園です。ほのぼのとした雰囲気の中で、子ども達の元気な声がいつも響き渡っています。

　地域に向けての活動は、副園長の私の担当で計画なども手がけていますが、園全体での取り組みと姿勢で進めて行こうと常に考えています。活動内容としては、まず「園庭開放」を行っています。月曜日から金曜日の平日（年末年始を除く）の午前 10 時から 12 時、午後は 3 時半から 4 時半という形で、地域のお子さんも遊びに来てくださいとアピールしています。

（高松保育園園舎）

　「プール開放」は 8 月の 1 ヶ月間、園児のプール使用が終わったお昼前後に行っていますが、監視員の配置や猛暑の関係で来年からは期間が短くなるかもしれません。

　「体験保育」ですが、6 月から 1 月にかけて 1 日 1 組限定、要予約でお子さんの年齢に応じてその年齢のクラスに入ってもらいます。その過程で保育園がどんな所かという事を母子で体験してもらって、保育園の理解を高めてもらうために実施しています。

　「保育園見学」というのは、来年度当園に入りたい方が中心になっていて、要予約 1 日 3 組までという事で実施しています。4 月～6 月も結構多くの申し込みがあり、9 月に入ると申し込みがさらに多くなっています。

　「子育て相談」は、保育士・栄養士・看護師に子育ての悩みや相談を気軽にしに来てくださいというものです。去年は園庭開放の時に、食事の事で相談に来られた方がいらっしゃいました。

　「絵本の貸し出し」は、園内に文庫がありまして、そこで地域の方にもお好きな絵本の貸し出しを行っています。年齢に合った絵本を職員が選んで差し上げる事もあります。

　「プレママ・プレパパ体験」というのは、妊婦さんや初めてパパになる方が、子どもが生まれてどういう対応をしたらいいのか分からないと悩んでいる方を対象にしているものです。体験という形で０歳児のお部屋に半日入ってもらって、おむつ替えなどを見てもらっています。そんな中で看護師や栄養士とお話をしてアドバイスをさせていただきます。

　「出前保育」は年間で６日間実施していて、高松児童館で午前 11 時から 30 分間行っています。地域の方が遊びに来ている時間帯で、そこにお邪魔させていただいて、「あそびの紹介」や「食事の話」、「ミニ運動会」や「感染予防と予防接種の話」などを取り組んでいます。その日の天候などにもよりますが、平均で 15 組くらい参加してくださっていて、内容によって資料やお土産的な物も用意してお渡ししています。

（出前保育の様子）

　地域に向けての行事の方は、「なつまつり」と「お正月あそび」を行っています。お正月あそびは、職員が獅子舞を披露したり、日本ならではの昔からの遊びを紹介したりしています。

　このように、いろいろと地域に向けての活動に取り組んでいますが、それが保育園の事を知っていただく良いきっかけにもなっています。子育ての事で困ったり悩んだりしても、どこに相談すればいいのか分からないお母さんもいますから、そういう場合は保育園を気軽に利用できるんですよという事も知ってもらえればいいなと思います。

　安全な場所で子どもを遊ばせたい、お母さん達といろんな情報交換をしたい、子どもの成長について知りたい、そう思っている地域のお母さん達に、ぜひ気軽に当園を訪ねていただきたいと思います。それがまた、より良い地域づくりの一助にもなってくれれば、こんなにうれしい事はありません。

　当園は狭くて小さく、予算も限られている公立園ですが、職員みんなの創意と工夫で常に少しでも地域に貢献ができるよう、これからも頑張っていきたいと思います。

（ヒアリング日：平成 30 年 9 月 12 日）

<訪問者の感想>　「創意工夫の地域活動」

　当日は、調査研究委員4名で高松保育園を訪問した。

　説明をしてくれたのは、副園長の渡邉詠子副園長先生で、施設見学ののち、地域に信頼される保育園になるための活動について具体的に説明してくれた。

　私たちが特に良かったと思った点は、まずは副園長先生の人柄と保育園のアットホームな雰囲気が印象に残った。園舎は築40年を超えているが、職員皆が大切に使っていた。限られているスペースで子どもの安全・衛生を確保するために、パーテーションを手作りしたり、スタッフ紹介のボードなど、とても温かな雰囲気を感じた。

　具体的な地域活動としては、副園長先生が主体で保育士・看護師・栄養士も協力して、事業実施や相談事業を行っていた。

　見学当日は、地域の方を対象とした「栄養士の話し」（食育指導）を実施していて、保育園の給食内容の写真を見ながら、食に関するアドバイスなどがあった。

　限られた予算の中で、手作りのおもちゃ（空き容器を使ったでんでん太鼓やマラカスなど）をプレゼントしたりしていた。また、公園で始めた出前保育だが、時代の変化とともに現在は児童館と連携していて、広く地域の子育て支援に貢献していると感じた。

（調査研究委員会Dグループ）

V

5　建設に地域から猛反対を受けた保育園の対応と取組

地域の方に顔を見せて顔を合わせる事、
　　　それが相互理解を深める事につながる

ヒアリング協力園	サンフィール保育園
運営主体	社会福祉法人蓮倫会
所在地	町田市小山4604-2
ヒアリング協力者	園長　網野　裕華　先生
園の概要	社会福祉法人蓮倫会の運営による保育園として平成22年7月に開園。現在は姉妹園の小山保育園、一時保育施設エンゼル、サンフィール保育園、分園なのはながあります。 定員：140名 職員構成：理事長・園長・保育士・看護師・栄養士・調理員・事務員・嘱託医

　当園は平成22年7月1日に開園しましたが、実は予定では4月1日がOPENでした。日がずれたのは、開園に向けて開いていた住民説明会において地域住民の方々の保育園建設反対の声が圧倒的に大きく、その協議のために日時を費やしたからです。

　住民の方からは、保育園ができる事による交通安全に関わる不安、生活環境の変化に関する不安、それと町田市が近隣の理解や納得を得られないまま開園を進めているので、作業を進めないで欲しいという請願書も出されました。そこからずっと協議が続き、ようやく建設にこぎつける事ができました。

　開園にあたっては、地域住民の方々からいろいろとご意見やご要望をいただきましたが、そのひとつが毎朝道路に監視員を3人立たせるというものでした。私も含めて交替で立っていましたが、でもそれによって保護者さん達が見張られていると不安になってしまう懸念がありましたので、立ち番がてら道路のお掃除を始めました。

（サンフィール保育園園舎）

　近隣の方々は毎朝100人ぐらい通るのですが、当初はこちらから声を掛けても誰も挨拶をしてくれませんでした。でもそのうち、一人二人と声を掛けてくださるようになって、最終的には「いつもありがとうございます」と、ねぎらいの言葉をいただけるまでになりました。最初はいろんな面でとても苦労したのですが、思ったよりも早く地域と良好な関係を築けるようになったのは、やはりこちらの顔を見せながら実施したお掃除

が要因だと思います。これは、園を建てさせていただいた地域の方々へのご恩返しでもあると思っていますので、これからも欠かさずにずっと続けていきたいと思います。

　園として地域に向けてやっている事は、親子対象ですと「子育てひろばマロン」があります。内容は、親子講座、親子クッキング、親子遊び、ふれあい遊び、子育て相談、出前保育、マタニティ講座、園庭・室内開放などバラエティ豊かで、週に1〜2回は何かしらが開催されているという感じです。月末に10時からの受付を始めるのですが、おかげさまで申込の電話が鳴り止まないぐらい人気があります。

　他にも、我が子の誕生月に地域の方が園のお誕生日会に参加できるようにもなっており、音楽会やお芋掘りなども、予約してもらって一緒に行くという事もやっています。

（地域の方の参加行事）

　地域に向けてはサークル支援があり、場所の提供やオモチャの貸し出しなどを行っています。また、実習生の受け入れ、職場体験、市立の中学生や高校生の職場体験も受け入れていて、年間で200名ぐらいが園を訪れています。その他にも地元の小学校や中学校との交流、学童クラブとの交流があります。

　地域の方とは、町内会、老人福祉施設、老人クラブ、NPO団体との交流があります。内容は、流しそうめん、歌の会、踊りの会、大正琴を聴く会、音楽会、敬老会、お食事会、本の読み聞かせの会など多彩で、読み聞かせの会では1ヵ月に1回、絵本の読み聞かせを子ども達にしてくれています。

　園から地域への参加という事では、子ども達が地元での大きな催しである「アレサふれあいまつり」に出させていただいたり、小山の地を良くしようという「小山ネットワーク協議会」にも入れていただいたりしています。

　そういう風にいろいろとありがたい声を掛けていただいたり、盛んな交流をさせていただいたりできるのも、こちらの顔を見せて、地域の方と顔を合わせての道路のお掃除が原点にあるからだと思います。

　だからこそ、これからも「変わらない事」「誠意と責任を貫く事」、「初心を忘れてはいけない」と思っています。その信念を持ちつつ、「この保育園がここにできてよかった」と地域の方に言っていただけるように頑張って行きたいです。

（ヒアリング日：平成30年9月5日）

＜訪問者の感想＞　　「毎朝の掃除が地域への扉」

　サンフィール保育園は当時近隣から保育園建設に対して地域で大反対を受け反対請願書が 433 名提出され、希望に合った防音壁を立てるなど、地元の強烈な反対運動の中建設が始まった。

　しかし、一回一回の近隣との話し合いや意見に真摯に向き合い対応していくことによって幾つかの約束事やルールを決め開園にこぎつけた。

　約束事とは車の通行可能路を取り決めたり近隣公園の使用時間の制限など、保護者にも理解を求め誓約書や協定書を提出してもらった。

　しかし車の利用の仕方についての苦情が特に多く寄せられ、改善のため、朝、園長自ら通園道に立ち掃除をしながら近隣住民に挨拶を行っていくようにした。当初は近隣住民のほとんどが挨拶を返してくれることもなかったが、保育園を受け入れて頂いた事に感謝の気持ちを持ち毎日欠かさず掃除を行っていったことによって、保育園を知ってもらう良い機会となり近隣住人も不審、不安から安心に変わっていった。

　地域に保育園があることに対して何がメリットなのかを考え、毎日積極的にコミュニケーションを大切にすることによって近隣住民の心がほぐれてきたのだと思う。

　開園し 8 年経った今でも園長先生が大切にしている、常に初心で保育園があってよかったと思って頂けるよう、誠意と責任をもってこれからも続けていくという言葉がとても印象的であった。

（調査研究委員会 E グループ）

V

Ⅵ 考察

　今回の東京都社会福祉協議会保育部会調査研究委員会が実施した認可保育園による「地域に信頼される保育園になるための調査〜保育園と地域とのかかわり状況を把握する〜」調査では、認可保育園の地域活動の必要性が認識され、多様な取り組みがなされていることがわかる結果となった。

　今回の調査結果を見てみると、認可保育園では規模や開設年、設置主体に関係なく 98.0%の保育園が地域とのかかわりを重要視していると回答した。そして実際に地域との関わりの有無を質問した項目でも 99.0%がかかわりはあると回答している。ただ現実にできているかという質問では、できているという回答は 77.3%という結果であった。活動内容を見てみると、主なものとしては、次世代育成支援 92.5%、未就園の乳幼児への保育提供 85.4%、保育の内容に関する情報発信 87.9%（いずれも複数回答）などがあげられる。

　この活動の成果としては、①保育園の存在を地域に知ってもらうきっかけになる　②地域活動利用者が保育を見て子育ての参考にする　③育児相談のきっかけになる　④地域活動の利用者同士が知り合う機会になるなど、認可保育園が子育てしやすい地域を構成する土台作りの役割を担っていることがわかった。

　事業を開始した時期については、平成 11 年（1999 年）保育所保育指針改定後、東京都サービス推進費補助の開始（平成 12 年）も相まって 2003 年以降から開始した保育園が約7 割を超える数字となっている。このことは、地域活動が認可保育園の責務という認識とともに、補助金化されたことによって、保育園が地域活動を積極的に実施するきっかけになっている。

　開始のきっかけは、行政の方針が 34.5%、法人の方針が 31.5%、園長の発案が 30.4%となっており、管理者層主導で実施されていることがわかった。それに対して、中心となって活動をしているのは、職員が 84.7%、副園長・主任が 66.3%、園長 51.0%の順であった。「5 地域とのかかわりがない園の概要」の ②③にあるように、地域の接点がない、地域からの要請がない、担当する職員を確保できない（自由記述にも記載）等の理由で、地域活動の実施が厳しい状況であるものの、管理者層及び職員が地域活動の重要性を認識して、積極的に活動をしていることがわかる。今回の調査では捉えられていないが、企画する側（管理者層）と実施する側（職員層）との意識の連携が地域活動の最も大切なポイントであると考える。地域活動の主な対象者は、「未就園の親子」「未就園の乳幼児」「未就園の保護者」が高い回答になっている。このことにより、認可保育園の専門性が、地域の乳幼児、そしてその保護者へ還元されていることが明確となった。実施の頻度は、月 1 回が 18.4%、逆に毎日実施するが 15.6%となり、保育園によりばらつきが見られた。活動一回あたりの費用については、5,000 円以内が 46.0%にのぼり、比較的費用がかからないで実施をしていることがわかった（この回答の中には、人件費は含まれていない）。

　地域への広報活動は、ホームページにアップ 56.5%、広報誌を公共施設に置く 33.2%、チラシを作成して公共施設に置く 31.2%（複数回答）となっており、ホームページに活動情

報をアップが半数以上を占めた。一方で、広報誌やチラシも今まで同様、周知のためのツールとなっている。地域住民や地域の関係機関との話し合いの機会は、64.2%があると答え、保幼小連絡協議会に参加し意見交換を行うと回答した園が 57.2%となった。このほか、要保護児童対策会議で情報交換が 38.5%、区市町村所管課の協議会で意見交換は 36.9%となっており、行政が主導することによって、認可保育園が、地域で情報交換する機会となっている。そして、認可保育園が地域の関係機関から信頼を得るために重視している事項については、園行事への参加促進 50.2%、近隣地域の特徴や住民の声を把握 43.3%、地域の実情に応じた地域子育て支援事業を展開 39.1%という結果となった。今回の調査では、民生児童委員から意見を聞き、保育園が信頼を得るためにどんな事項を重視しているかの問を設けたが、両者の意見が一致しているか否かが本調査の大きな狙いとなっている。

今後の課題について、自由意見 342 件の回答があった。
　1.地域住民とのかかわり方
　2.職員確保・意識に関すること
　3.活動場所の確保に関すること
　4.取組(ノウハウ)に関すること
　5.関係団体や関係機関とのかかわり方
　6.その他（個人情報等）に関すること　　　　等があげられる。

VI

第2章

「地域に信頼される保育園になるための調査
～保育園と地域とのかかわり状況を把握する～」

民生児童委員と保育園との係わりに対する
アンケート調査結果

Ⅰ　調査のあらまし

1　調査対象　　東京都民生児童委員連合会子育て支援部会所属の民生児童委員
　　　　　　　　　子育て支援部会のご協力を得て、部会所属の民生児童委員を通じて、1
　　　　　　　　地区3枚ずつ配布

2　配布数　　　265枚
　　　　　　　　区部（115枚）、市町村部（150枚）

3　回収状況　　227枚（85.7%）
　　　　　　　　区部（97枚）、市町村部（129枚）、未回答・無効回答（1枚）

4　調査項目
　① 最近1年間で連携した関係機関
　② 民生児童委員として地域で活動するなかで、地域住民から聞かれる保育園に対する要望
　③ 保育園が地域住民や地域の関係機関から信頼を得るために重要と思われる事項
　④ 保育園と地域とのかかわりや保育園の今後の役割・課題等についての意見

5　実施方法　　郵送による実施、回収

6　実施時期　　平成30年6月14日〜7月31日

Ⅱ　回答者の概要

1-1　地区

　回答者の所在地区は、区部が 97 人（42.7%）、市町村部が 129 人（56.8%）であった。

内容	N=227	
	人数	%
区部	97	42.7%
市町村部	129	56.8%
未回答・無効回答	1	0.4%
合計	227	100.0%

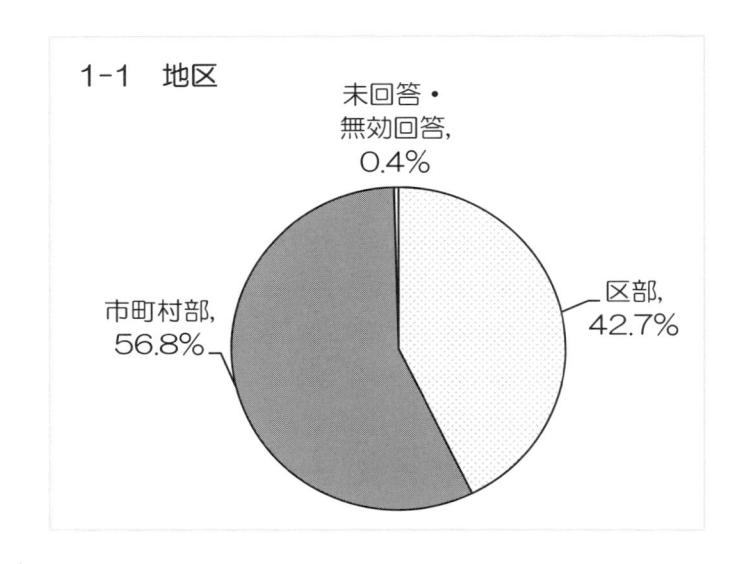

1-2　性別

　回答者の性別は、男性が 29 人（12.8%）、女性が 195 人（85.9%）であった。

内容	N=227	
	人数	%
男性	29	12.8%
女性	195	85.9%
未回答・無効回答	3	1.3%
合計	227	100.0%

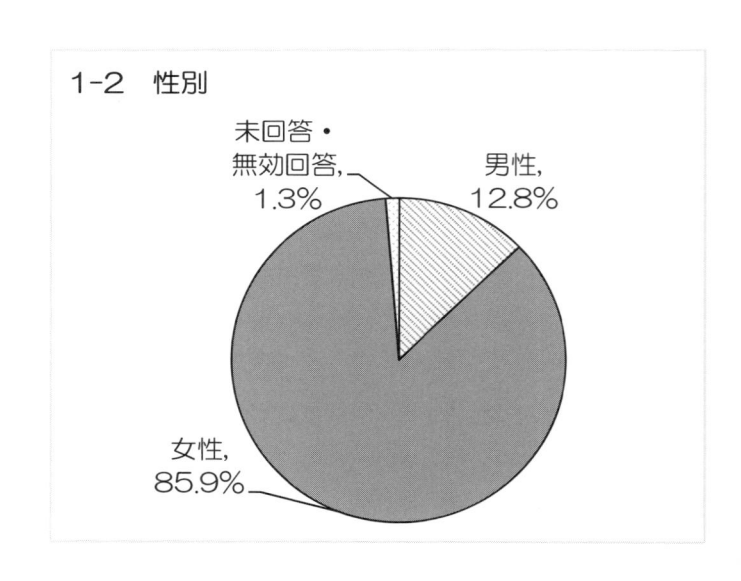

1-3　年齢

　回答者の年齢は、60歳代が1番多く121人（53.3%）、続いて70歳代が57人（25.1%）、50歳代が42人（18.5%）であった。

内容	N=227	
	人数	%
40歳代	6	2.6%
50歳代	42	18.5%
60歳代	121	53.3%
70歳代	57	25.1%
未回答・無効回答	1	0.4%
合計	227	100.0%

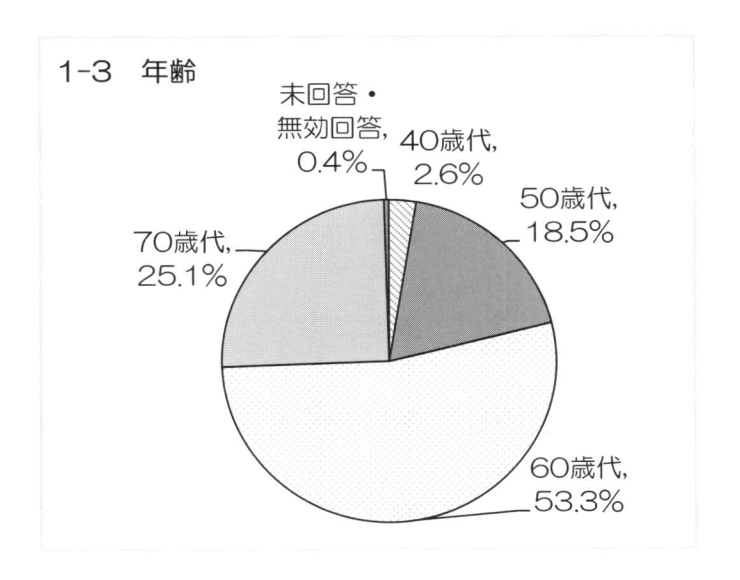

1-3　年齢

Ⅲ　調査結果

1　最近1年間で連携した関係機関について（複数回答）

　　連携した関係機関の1位は「地域包括支援センター」（※注3）で81.9％であった。つい
で「社会福祉協議会」77.5％、「小・中学校」77.1％といずれも8割近い高い数字となっ
ている。一方で、保育所・幼稚園は45.8％、子ども家庭支援センターは48.5％と、連携
したことがある人は二人に一人程度となっている。

内容	N=227	
	人数	％
地域包括支援センター	186	81.9％
医療機関	20	8.8％
社会福祉協議会	176	77.5％
福祉事務所	35	15.4％
小・中学校	175	77.1％
保育所・幼稚園	104	45.8％
保健所	49	21.6％
児童相談所	27	11.9％
子ども家庭支援センター	110	48.5％
警察・消防	37	16.3％
障害者（児）相談支援機関	19	8.4％
連携した関係機関はない	7	3.1％
その他	22	9.7％
合計	967	－

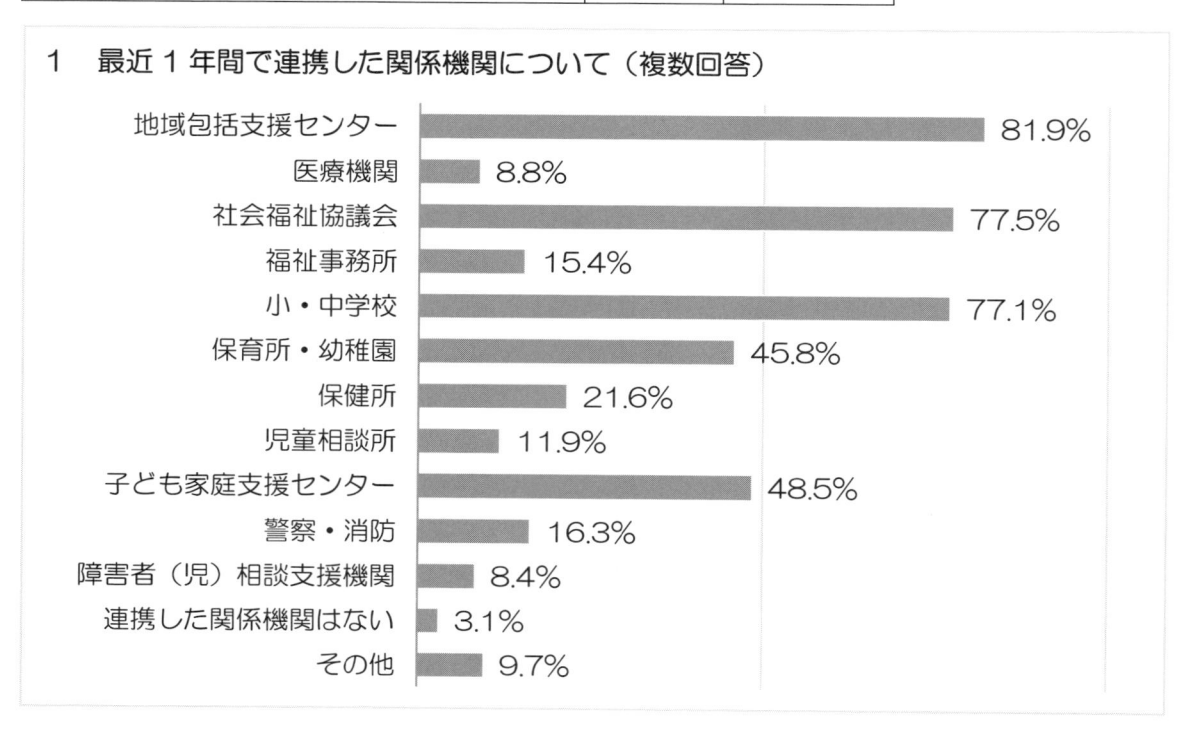

1　最近1年間で連携した関係機関について（複数回答）

2　民生児童委員として地域で活動するなかで、地域住民から聞かれる保育園に対する要望について（複数回答）

　園が実施している活動では「次世代育成支援活動」が92.5%で一番多いが、民生委員が把握している地域住民の要望は 16.7%と差がある。要望が 1 番高い「未就園の乳幼児の保育提供」は、園が実施している活動の2番目（85.4%）となっている。

内容	N=227	
	人数	%
未就園の乳幼児への保育提供	104	45.8%
地域の保護者同士の交流	95	41.9%
地域の保護者への相談・助言	57	25.1%
地域の子育て力向上への貢献	42	18.5%
世代間交流活動	73	32.2%
次世代育成支援活動	38	16.7%
地域の様々な社会資源との連携	42	18.5%
保育の内容に関する情報発信	48	21.1%
地域の行事や様々な文化との交流	72	31.7%
児童虐待防止活動	71	31.3%
危機管理の体制づくり	71	31.3%
その他	15	6.6%
未回答・無効回答	18	7.9%
合計	746	－

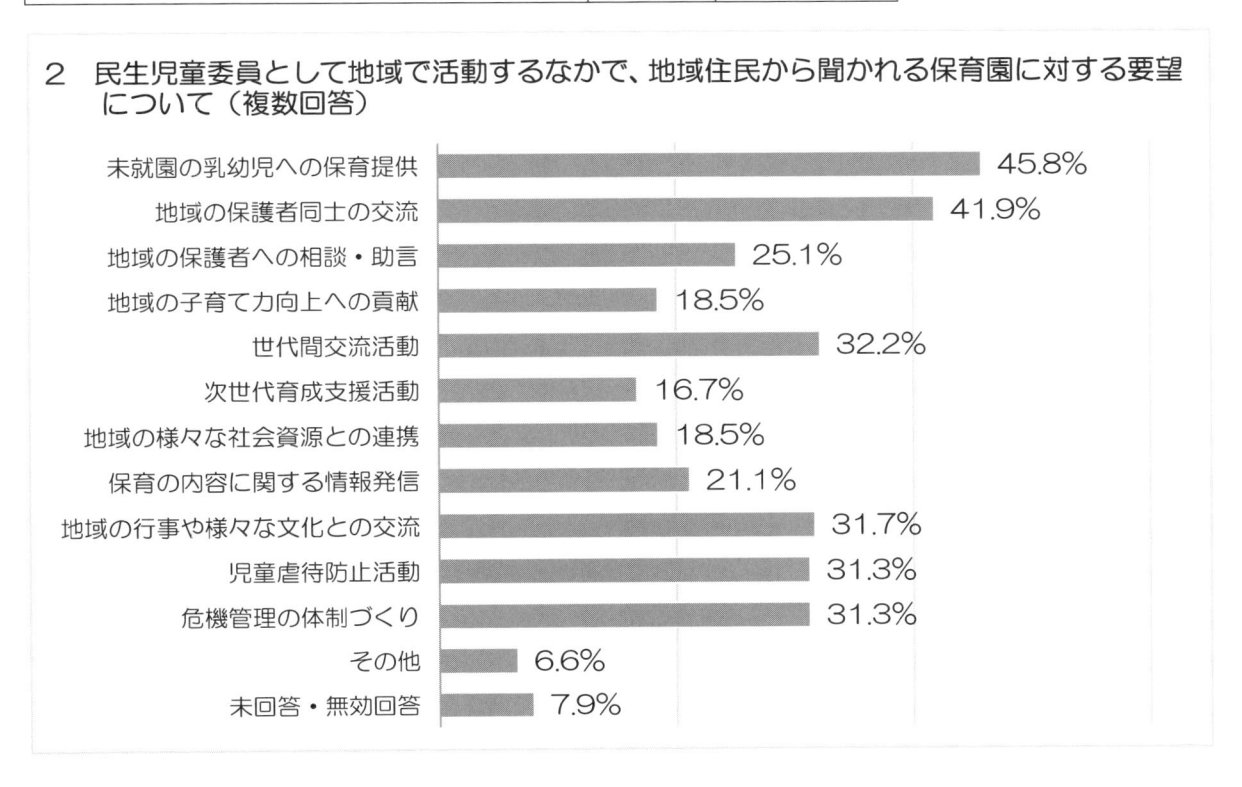

2　民生児童委員として地域で活動するなかで、地域住民から聞かれる保育園に対する要望について（複数回答）

未就園の乳幼児への保育提供	45.8%
地域の保護者同士の交流	41.9%
地域の保護者への相談・助言	25.1%
地域の子育て力向上への貢献	18.5%
世代間交流活動	32.2%
次世代育成支援活動	16.7%
地域の様々な社会資源との連携	18.5%
保育の内容に関する情報発信	21.1%
地域の行事や様々な文化との交流	31.7%
児童虐待防止活動	31.3%
危機管理の体制づくり	31.3%
その他	6.6%
未回答・無効回答	7.9%

3 保育園が地域住民や地域の関係機関から信頼を得るために重要と思われる事項について（上位３つまで）

　「地域の実情に応じた様々な子育てを支援する活動を展開する」が52.4％と最も高く、次いで「虐待防止のため、地域の関係機関と情報交換する」49.8％、「近隣地域の特徴や住民の声を把握する」44.1％となっている。他の項目については20～30％と散らばっており、特定の項目に集中していない。

内容	N=227	
	人数	％
近隣地域の特徴や住民の声を把握する	100	44.1％
地域の実情に応じた様々な子育てを支援する活動を展開する	119	52.4％
自園の施設利用を推進する	37	16.3％
園行事への参加を促す	63	27.8％
保育方針等を情報発信する	64	28.2％
地域の自治会等と協力し、一緒に地域の祭りなどを運営する	66	29.1％
近隣の園と協力し、小学校等と意見交換する	61	26.9％
虐待防止のため、地域の関係機関と情報交換する	113	49.8％
避難所を担うなど地域防災に貢献する	47	20.7％
その他	6	2.6％
未回答・無効回答	2	0.9％
合計	678	－

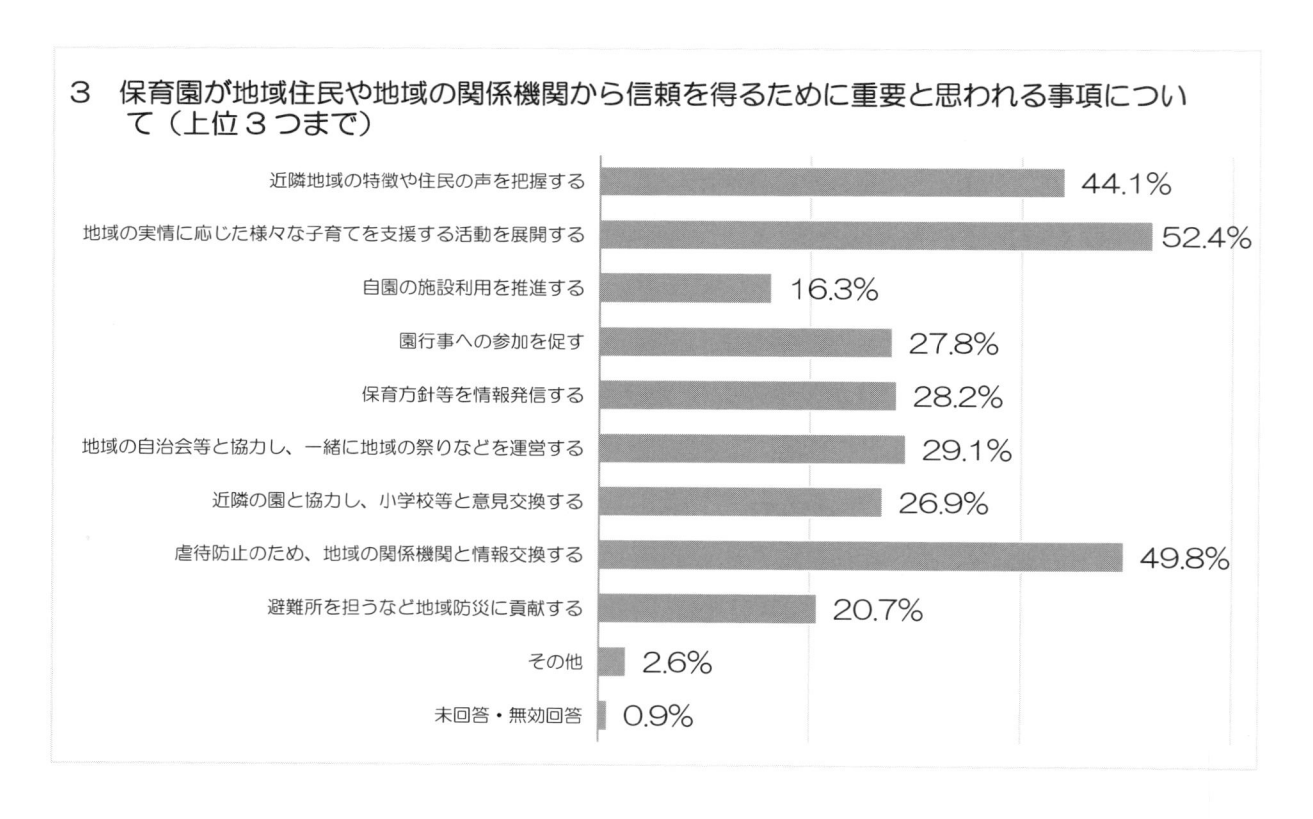

3　保育園が地域住民や地域の関係機関から信頼を得るために重要と思われる事項について（上位３つまで）

4　保育園と地域とのかかわりや保育園の今後の役割・課題等について、あなたが感じていること

165件の意見を頂いた。以下の8つのカテゴリーに分けて集計した。

①	虐待の早期発見に関する意見（9件）
②	発達支援・早期療育に関する意見（4件）
③	小学校との連携に関する意見（5件）
④	情報公開・情報交換に関する意見（31件）
⑤	親の支援・教育に関する意見（27件）
⑥	環境問題・自然に関する意見（13件）
⑦	地域との交流に関する意見（46件）
⑧	その他に関する意見（30件）

〔165件/227中　回答率72.7%〕

それぞれのカテゴリーの主な意見として、以下の意見がみられた。

①虐待の早期発見に関する意見（9件）

・自分達が子どもを育てた時と今では時代も大きく変わり時代の流れの波に乗っていることはなかなか難しいことだと思います。でもいつの時代でも子どもを育てるという親の気持ちは変らないと思いますが、虐待の多い昨今とても悲しいです。虐待防止のため地域の関係機関との連携・情報の共有はとても大切なことだと思います。定期的な会議だけでなく必要な時はいつでも情報交換ができるようにして欲しいと思います。
・悲惨な事件・事故が多発している今、保育園に居る間の園児の安全を第一に行動して行ってほしいと思います。不審者の侵入など、少しの気のゆるみでおこる事も多々あると思います。職員の危機管理の向上が大切だと感じます。同時に、虐待に対する早期発見にも尽力してほしいです。
・虐待でつらい思いをしている子どもが1人でも減りますように願っています。保育園の先生方、地域の協力で自宅から外出することが少ない親子を孤立させないようにできるといいですね。
・虐待防止の為に、もっと積極的に、関連機関との連携を厚くする必要があると思います。情報交換の機会をつくる。民生委員としては、「子どもの泣き声が続いておかしいと思うことはないか」と、自治会の会議で、常に、声をかけ、情報をくみ上げるよう努め、地域の自主パトロールもしております。又、虐待の疑いがある場合の子どもの保護については、法的にもっと強く動けるように、して頂きたいと思います。日常的に、子どもと最も接する保育園の役割は、とても重要です。民生委員は、秘密を守る立場ですので、パイプ役としてきっとお役に立てることと思います。
・大切なお子様を預かっている事が一番大切な役割と思うので、制限はあると思いますが、地域の子どもと親に施設を開放し、育児相談し、子育て支援する。

- 身体のアザなど見つけやすいと思うので、子ども家庭支援センター、児童相談所と情報交換しやすい関係は大切。
- 本来、預かったお子さんを保育することが目的なので、あまり負担になる地域支援や事業は避けたほうが良い。

②発達支援・早期療育に関する意見（4件）

- 発達障害のお子さんを保育園にあずけて働いている保護者の方から相談を受けたことがあります。療育のために保育園を中抜けして施設に行く等、子どもの将来を考えた時に、早期の療育が必要と思われますが、そのためには、その保護者と保育園が子どものためにどう手を取り合っていくのかという話し合い、コミュニケーションがなかなかうまく取れないということがありました。保育園はお互いのコミュニケーション不足といいますが、その土台のところで、保育園は保護者にとっては子育て支援の場だということが保育園にとっては共通認識されていないように、私は感じました。日々忙しくしている職員の方々にそれを要求するのは酷だという声を一方では聞くこともありますが、地域における保育園の位置づけを今一度捉え返す必要があるのではと思っています。
- 近頃よく取り上げられる発達障害について、早期発見に導く為に保育園等でも各支援機関と協力して相談会等ができるようにと思います。
- 母親や家の都合で、保育園に行けなくなった児童に対し、保育園の先生方も家を訪問したりなさっていますが、その地域に通う近所の方に協力していただき、一緒に園に送ってもらったりと、皆で協力して、できる限り、通園できる様な対策も必要ではないでしょうか？昔と違い近所同士の密度も希薄になっており、プライバシーの問題等が含まれてくるので、なかなか難しい点もあると思いますが、地域にとっても必要な事ではないでしょうか？又、こうした活動により、虐待の発見、防止にもつながっていくのではないでしょうか。
- 最近母親をとり巻く状況は厳しくなる一方のような気がします。父親の無関心、母親自身が働いている場合は、その職場環境。ひとり親の場合はなおさらです。このため、精神的に心育てがうまくできない人が多くなってきています。
- 保育園での虐待の早期発見や保護者との相談、行政も含めた対応体制の早期実現など、保育園からの情報発信と行政側とのコンビネーション作りがますます求められている、と思います。
- 高層団地で高齢化が進んでいる地域なので住民の保育園に対する関心は薄いように感じます。自分のことで精一杯で子どもと接する気もおきないのかもしれません。でも、子どもと接することで自分も元気になれるという事を感じられる機会があれば良い関係、環境になっていくのでしょう。人材も時間も必要なんでしょうね。また、保育を多少近くで見ている者ですが、最近発達障害と言われる子が増えているように思います。それに伴った介助の人数が不足しているのではないでしょうか。一クラスに何人との枠は見直しが必要の気がします。保育に手が一

> 杯で「地域との関係を」は先生方の負担が増えるばかりでどんなものでしょうか。

③小学校との連携に関する意見（5件）

- 核家族化が進む中で、色々な人との関わりを持てる子に育ててほしいと思います。小学校、中学校と交流したり、福祉、高齢者施設と交流していけると、お互いに良いのではないかと思います。虐待が発見しやすいので、子どもの変化、親子の関係性などをよく見て頂き、何かあればその先、小学校への情報提供をしっかりと引き継いでほしいと思います。最近では保育園の需要が多く、それだけ卒園児も多くなっている訳ですので、しつけや教育の部分も取り入れて、小学校に入学する準備を考慮した預かりも必要なのではないかと思います。長時間一緒にいる人が子どもの人格形成にしめる割合は大きいと思われます。

- 子育て支援のベース、窓口、また虐待予防等のため等から、単独ではなく、地域に保育園と相談、支援機能をもつ地域子育て支援センターを併設、又は連携できるようなしくみを行政が企画リードしていく必要があると思います。
- ひとり親家庭の増加─仕事と育児の間にあって疲労している親たちに寄りそい、時に注意助言もできる、サポーター（要基本研修）等の導入も検討してよいのでは（行事や新年度開始の忙しい時など）。
- 課題のあるご家庭（貧困、保護者のメンタル状況、外国ルーツ、など）や発達の特性のある子どもの幼稚園・保育園→小学校への連携が、とても大切だと思います。そのシステムを保育園と小学校で考えていく必要があると思います（行政のたて割りを越えて）。

- 地域の公立小学校との交流を通じて住民とのつながりを持つのが良いと思います。小学校入学時に基本的なことがきちんと身についているよう他園との情報交換も大切だと思います。

- 保育園が働く女性には必要となっている現在、子どもの成長を助け、個々の個性をのばす教育ができ、自立した人間となるための、年齢に応じたこころみが必要となります。
- 地域の小学校につづく保育園なので小学校との交わりなどを通し、先の見通しが、園児にもでき、目標などが本人にもてる事も必要であると考えます。

- 近隣の若い世帯を見ると殆どの家庭が共働きで、この 10 年間でも、保育園から入学してくる児童が格段に増えている。保育園が単なる保育施設でなく、就学前にある程度以上の教育や、規律を守る、さらに芸事などを教えることも求められるようになるのでは？と思われる。しつけなども保育園まかせになっていくのではないかと思われる。現に小学校でも、「しつけは学校」と求める保護者も出て来ている。今までのように保育園は厚労省、幼稚園は文科省との縦割り指導・管轄ではいけないと思う。
- 近隣への騒音配慮や、逆に園児のプライバシー保護の為に閉鎖的な園が見受けられるが、「この園はこのような時間帯にこのようなポリシーでやっている」と発信

することは必要と思う。

- 様々な家庭があり、保育園には虐待防止で大変お世話になっています。これからもよろしくお願いします。

④情報公開・情報交換に関する意見（31 件）

- 保育園との民生委員のかかわりも地区によって差がある事がわかりました。私は夏まつりや運動会やいろいろなイベントに参加させてもらい、卒園式（今年も）には子ども達の成長、そして小学校への入学へのつながりがもてているので良い事だと思っています。ただ気になるのは職員が地域の人達との挨拶をきちんと昔にくらべてしなくなって来た事だ。それを見ている子ども達、通う親達も挨拶をしなくなる。いろいろな問題も一番（解決する時も）人として大事なことだと思う。保育園側も民生委員との交流（？）をもっとするようにすれば子ども達のDV問題等見つけた時も意見の交換等スムースに動けると思います。
- 課題を抱えた家庭で、地域の支援や関わりを拒否している場合、保育園に通っている子どもがいたら園を通して情報提供してほしい。
- 定期的に情報交換する場を持ちたい。
- 近所に子どもが少ない今、ほとんどの人は、保育園がどこにあるのかすらあまり、気にしていない様な気がします。待機児童問題にしても他人事で近くに子育てに困っている人がいるのか、いないのかも、分かりにくい状態です。若い世代も我々お年寄りにはあまり相談をしてくれません。インターネット等で情報得ているようです。保育園では、子育て情報を沢山発信して、相談したい人がいつでも、相談できやすいような場であって欲しいと思います。親どうしのコミュニケーションの場でもあると良いと思います。
- 民生委員としては、小学校との意見交換等の情報はありますが、保育園との交流はありません。子育てサロン、児童館等の情報はお知らせ等で頂きますが、保育園の情報はほとんどありません。情報発信をして頂ければ参加したいと思います。
- 保育機関、教育機関とも従前から自分たちの都合の悪い情報を隠す体質があるので、すべてｏｐｅｎにする体制づくりに地域一丸となって取り組んで行く必要があると思います。
- 地域への情報発信、（園行事への参加）交流が持てる
- 顔見知りになることで、安全対策にもつながる

⑤親の支援・教育に関する意見（27 件）

- 何らかの事情で子どもを保育園にも幼稚園にも入れられないご家庭があると思います。そんなご家庭のお母さんが、日中、子育てを楽しんで、近くの児童館や公園で子どもを遊ばせていれば良いですが、日中家の中で、子どもと二人だけで過ごし、それがストレスに感じるお母さんもいるかもしれません。そのストレスが虐待につながらないように保育園の施設利用活動を広めて欲しい。

- 民生児童委員として、児童館の子育て広場（月1回）、保育園にある子育て広場（週1回）に参加しております（私は地区の中でも子どもたちとのかかわりが多い方です）。子育て広場でお母さんたちと話しをすることでお母さんたちの手助けができればと思っています。

- 私達の子どもがお世話になっていた頃とは違って来ている事も沢山あると思いますが、元気な子ども達の声が聞こえるだけで元気が出ます。民生児童委員の行動をさせて頂き改めて保育園の大切さ、保育士さんの大変さを知りました。忙しいお母さん方は、日々何かに追われ、つかれている様子が感じられます。子どもにとって、親（母）の存在は絶対です。どうか虐待の様な、悲しい出来事が未然に防ぐ事が出来る様、保育園での子ども達の様子を見守り、何か私達にお手伝い出来る事がありましたら、いつでも声を掛けて頂けたらと思います。「地域で見守るコミュニケーションを大切に」安心して暮らせる街にしたいですね。

- 核家族、一人親家庭など孤立しがちな親の支援が虐待防止のためにも重要だと思います。保育園児の家庭だけでなく地域の家庭に対し育児講座や相談、行事などを充実させていく事が大切だと思います（現在でも私達が子育していた時よりはずっと充実しているとは思いますが）。

- 最近地域の住民からのクレームで子ども達がのびのび遊べないような状況がありますが、地域の人との交流などで理解得られるようにするのも大切だと思いますが、それでも理解を得られない時のために一園で対処するのではなく、市町村や、多園が共同して弁護士を頼んでおくなどして園の負担を軽減できるのではと思います。すべての子どもはすべての大人に愛されて成長すべきだと思います。

- 保育園は共働きのご両親にとって、安全でなおかつ子ども達が安心して過せる場所でなくてはいけないと思います。大半の子ども達は迎えに来る親をひたすら待っています。どんなに楽しそうにしている子どもでも迎えに来た親を見ると一目散にかけて行きます。子どもにとっては親は絶対的な存在で信頼出来る人です。残念ながら保育園はほんの少し手助けしているに過ぎません。だからこそ子ども達のしつけはもちろん大事ですが、あとは思いっきり子どもと遊んであげて信頼関係を築くべきだと、思います。子どもは正直です。ちゃんと保育士を見て、判断できます。それに報いるように子ども達の大事な成長期を育てるように努力しなくてはいけないと思います。何気にそれが出来ない保育士もいるというのが現状です。上下関係のないコミュニケーションがちゃんととれる保育園が必要だと思います。

- 第1子の未就園児を育てている方たちは、上手にサロンや広場を利用している方とどこにもつながらない方との間に差があるように思います。今は、ネットで情報収集することが多いと聞きますが、顔の見える信頼関係の中で子育て中の悩み等を解決してほしいです。その中核を地域で担っていただきたく保育園の今後に期待しています。

⑥環境問題・自然に関する意見（13件）

・自然環境の少ないところで育つ子どもがふえているので、保育園はできるだけ、自然とのふれあいのもてる保育を考えることが重要と考えます。高齢者の施設と同じ場所に保育園などをつくり交流が持てる方向に、そして地域住民の方々もまきこみ一緒に活動・行事ができるようになると良いと考えます。
・いろいろな事件があるので、仕方ないとは思いますが、外部の人に対する警戒が強すぎたり、園児の引き取り方（保護者の顔写真をはっておく、専用のカードキーでないと入園できないなど）にも過剰にガードしている面もあるので、地域との交流が難しくなっていると思います。夏休みなどを利用して、卒園生も受け入れている園もありますが、とても良い事と思います。年令の違う子ども達の交流で、双方に利点があると思います。明るい社会を作るためにも、保育園は、身の安全だけでなく、心を育ててほしいと思います。
・保育園の建設に反対運動が出てしまう地域では、地域ぐるみで子育てをしようという意識が無く、もし設置されたとしても安心して子どもが通園し、のびのびとした保育を受ける事がむずかしいのではないかと思う。小学校や中学校の統廃合などで空いた場所を必ず保育園や、児童福祉施設、障害児訓練施設などに使用できるようにすると良いと思う。子どもが、のびのびと遊び、にぎやかな声が聞こえない地域は活気がなく、非常に寂しい。球技遊びができない公園も多くなっているからこそ、広い園庭が確保できるように東京都は、推進して欲しい。
・送り迎え時の近隣への騒音配慮 ・常時園児の声　日常近隣住いの方の理解と交流 ・地域への貢献　一緒に育てていく感覚が大切。かけ離れていなく、一体となっている地域を、目ざす事だろうと思います。それには地域の自治会や祭り、イベント等に積極的に参加して交流を図り、認めてもらう事が大事。

⑦地域との交流に関する意見（46件）

・高齢者の方々と、保育園児のふれ合いなど、ご家庭で祖母父と同居していない園児が、高齢者とふれあえる機会が増えたら良いと思っています。また、園児の防災意識を高めるにも、多くの経験をしていらっしゃる年配者との交流も必要なのではと思います。
・日頃、近隣の公園へ、子ども達が歩いたり移動用車に乗ったりして出掛ける姿をいつもほほえましく感じています。現在は核家族が多いので、地区祭等に幼稚園児や保育園児が参加して、みごとな演技を披露してくれるのを特に高齢者は嬉しく思っています。さらに施設等を訪問して高齢者との交流を深めていただきたいです。
・地域住民は、園児たちとの定期的な交流を積み重ねていくと、保育園児たちを身近に感じ、見守っていこうという感覚を持ち続けられのではないかと思われます。 ・地域にもよりますが、子育て拠点として通園児だけではなく、近隣の乳幼児の保

護者も対象にした、子育て相談にも応じられる体制も必要とされるのではないでしょうか。 ・災害時や緊急時においては、近隣の子育て中の人たちの受け入れができるような体制が望まれていると思われます。
・同じ市内の保育園、保育士同士で地域懇談会又は地域ケア会議的なものを開いて、行事、日頃の活動内容の交流を通して、地域向上を図っていきながら市内近隣の良い所を発掘して、日頃の子ども達との活動に生かしていき、将来は、子ども達の「居場所」「ふるさと」になっていってほしいと思います。
・保育園の子どもたちの声や行事の時に出る音を、周りの人たちが騒音と捉える風潮をとても残念に思います。しかし、体調が悪くて夜あまり眠れない人にとっては昼間は静かな所で休みたいと考えるでしょう。双方が歩み寄るには、日頃のあいさつや情報発信が大切です。少しずつ、ていねいに進めていくのがよいと思います。
・健全に子育てできる地域作りはとても重要です。それを担う機関として保育園は地域と親子を結ぶ場所だと思います。幼児期は成長をしていくのに最も重要な時期なので保育園がその子どもの心身の成長、親と子の関わり方を把握し、助けが必要ならば地域や関係機関と連携できるように定期的にコミュニケーションをとるとよいと思います。
・地域の方の理解はとても重要だと思います。実際に、園児と散歩に行った時、急に雨が降ってきて、雨やどりする所を探していたら、近くの家の人がガレージを開けてくれて、子ども達を避難させてくれたそうです。園に戻った子ども達は、早速、その家の人へお礼の手紙を書き、届けたという事を聞きました。まさに、地域の人の理解がなければ成り立たないと思います。子どもの命を守るという大事な事を、地域の人達は暖かく見守って下さっているのだと嬉しく思いました。その後のお礼状を書くという事も子ども達の方からすぐに出た声だったそうです。保育園の教育指導もすばらしいと思いました。園児が散歩に出かける時は、近くの人は「いってらっしゃい、気をつけてね」とあたたかい言葉をかけてくれています。園児もそれぞれにあいさつをしていて素晴らしいと思っています。
・民生児童委員として、園の行事等に参加し先生方の子ども達への思いやりが伝わってきて、いつも感動しています。小学校との連携もありとっても良いのですが、地域の人達を、もっと、もっと園の行事、ボランティアに参加してもらい、園児との交流を深めておけば多くの方の目が、子ども達への見守りとなるのでは…と思っています。

⑧その他に関する意見（30件）

・子育て関係施設等連絡会があり、幼稚園、保育園、医師会、行政、ボランティア、事務局と民生委員の情報交換があるので連携がとれていてとてもいいです。
・未来の日本を背負っていくので、社会の一員になる人格を育てて欲しい。

- 保育園は、ほとんどの申込者が入所でき、地域の中でも信頼を得ていると思う。
- 町や機関とも密接につながりを持っているので、親しみやすく、声もかけやすく、互いに協力の精神をもって、町内にとけ込んでいると思う。
- 子ども達も自然の中でスクスク育ち、小学校へ入学しても礼儀などが、身についていることがわかる。
- 保育園に訪問に行っても、来客に対しての接客ができる。

- 退職された保育士さんでまだまだかかわっていきたいと思っていらっしゃる方の力の活用で、保育の充実につなげられたら良いなと思います。

IV　考察

　民生児童委員(※注2)に対するアンケート調査は、配布数265枚に対し、回収数は227枚であり、回収率は85.7%ととても高い回収率となった。民生児童委員がこの調査について、高い関心を持っていることが伺える。また、回答者の85.9%が女性であり、78.4%が60歳以上となっている。

　調査項目「2　最近1年間で連携した関係機関について（複数回答）」において、回答者のうち81.9%が連携しているのが「地域包括支援センター」(※注3)である。また、「小・中学校」も77.1%が連携している。一方、「保育所・幼稚園」は45.8%であり、回答者のうち、半数以上は最近1年間で保育所や幼稚園と全く連携していない。それにもかかわらず、自由回答の中にはもっと保育園と関わりたいが接点がない、などの意見があった。

　また、調査項目「5　保育園と地域とのかかわりや保育園の今後の役割・課題等について、あなたが感じていること」を自由記述で回答してもらった。回収数227枚のうち165枚で意見をいただいた。回答率は72.7%である。

　それらの意見を大きく8つのカテゴリーに分けて集計したが、もっとも多かった意見は「地域との交流に関する意見」であった。特に高齢者との触れ合いを求める意見が見られた。一方、保育所側へのアンケートでは「世代間交流活動」を67.0%が行っており、民生児童委員が持っている印象との乖離が見られる。これは2番目に多かった「情報公開・情報交換に関する意見」と重なる部分であるが、「小学校との情報交換の場はあるが、保育園との交流はない。子育てサロン、児童館等の情報はいただくが、保育園の情報はほとんどありません」との意見が見られた。実際に保育園が地域交流についての情報を発信しているつもりでも、その情報が民生児童委員に伝わっていないことの表れである。本来、もっと身近な存在であるべき民生児童委員ですら保育園のことをよく知らないことが伺える。ということは、一般の市民が保育園のことを知るということはほぼないと言える。

　私たちはもっと民生児童委員の方々と知り合いになり、互いに協力できる関係を作ることが必要である。その先には、今まで気づかなかった情報や、新しい支援の方法など、保育園だけでは届くことがなかった新たな役割が見えてくるのではないか。

第3章

調査のまとめ

Ⅰ　委員会からのまとめ・提言

「保育園は地域とのかかわりをどう考えるか」

東京都社会福祉協議会調査研究委員会

調査研究委員長　橋本　富明

　「学び」の語源は「真似ぶ」である。つまり学ぶことは真似ることである。新しい取り組みを始めようとする時には、他の保育園の先行事例を真似ることから始めることが一番手っ取り早い。「はじめに」で述べたように、この調査書を保育園で役に立つ資料としてお使い頂きたく作成した。役立つ資料とは、「読んだら真似ができる資料」という意味である。園独自のオリジナルは、やっていくうちに必要性や地域性や持っているスキル等により自然と形づくられていくものである。かつての自己完結型の保育運営から脱却し、地域社会に向けて新たな活動を展開する方向に転じる必要がある。程度の差こそあれ、保育園から離れて、諸経費も人の手間もリスクも伴う地域活動について考える時期が来ている。この調査書では回答者の基本情報（データ）を明らかにし、読者との共通点を探しやすくし、立場の近い保育園の取組みの事例を真似ることが出来るような資料とした。また、民生児童委員から得られた自由記述（保育園と地域との関わり、保育園の今後の役割と課題）については前章の考察にあるように、カテゴリーに分けて保育園の実施状況と比較しているが、民生委員側の課題・希望と保育園側の実践にはかなりの乖離があり、互いを理解しているとは言えない。しかしながら、自由記述そのものは民生児童委員というより市民感情（個人）として受け入れるべきものも多くあると思われ、いずれにせよ貴重なご意見であるので敢えてスペースを多くとり原文のまま掲載している。読み手側が自由に読み込み、自らの気付きとすることで民生児童委員さんからの回答への対応としたい。

　保育園の役割は、預かっている子たちへの保育提供だけではないという保育界全体の意見はアンケート結果によってほぼ一致していることが分かった。それでは保育園が地域に目を向ける真の意味は何だろう。福祉は奉仕であり見返りを求めたりはしないという考えも一部にはあるかもしれないが、福祉事業は慈善事業である必要はない。福祉事業を行う実施主体の足元がふらついていたら満足な活動はできない。ここでは保育園へのメリットを考えてみた。

　地域住民や未就園児を持つ子育て家庭への支援とサービスは、保育園の果たすべき役割であり法人の使命でもあるが、それは同時に地域へのアピールであるし保育園のイメージアップにも繋がる。地域支援活動は地域と保育園とをつなぐツールであるといえる。

①　まずは利用者（園児・保育士）の確保に繋がることである。未就園児の子育て支援によって信頼関係が築ければ、保護者はその保育園に入所させたいと思うのは自然の思いである。定員割れを起こしている地域にとっては、園児の確保は大きな課題である。また、同時に実習生や保育士の採用についても、保育園の幅広い活動が自分の学びたい・

働きたい職場としてのマッチングに繋がり、専門性や得意分野を発揮できる場として期待できるのではないか。

② 　次に保育園存続の為のアピールである。この調査では待機児解消対策による新設保育園は、15 年・20 年間などあらかじめ保育実施期限が定められている園が多くあることが分かった。期限が迫ってくると閉園を見据えて子どもの人数を減らし、職員も減らさざるを得ない。また、少子化や人口流失など定員割れが生じている地域での保育存続についても、安定した収入が確保できないと、保育職員のモチベーションが下がり、せっかく地域に築いた地元住民との関係や子育て環境が消滅してしまう。また保育園の閉鎖は、地域だけでなく保護者や卒園児たちとのかかわりを奪ってしまう。歴史のある保育園では卒園児を通じた小学校との連携や成長の確認、あるいは卒園児が親になって保育園に子どもを預ける、あるいは卒園児たちが保育園に保育士や栄養士となって戻ってくるなどの、長い時間が必要なサイクルによる地域づくりが展開されている。

　民生児童委員からの自由記述の中でも、児童虐待の早期発見、親の支援・教育に関する要望、発達支援等の要望が保育園に向けて多く望まれている。待機児解消だけでない保育園の役割を行政に対してアピールし存続の交渉ができるのではないか。

③ 　次に保育園の地位向上である。新設園に対する建設反対やクレームは多くあり、しかしその中で懸命に地域へアプローチし地域住民と和解し協力体制を構築し、新しい子育て環境保育を作っている事例が見られた。流入人口の多い新規開発地域にとっては保育園が拠点となってバラバラの住民の意識を繋げていくことは、点から面へと広がる街（地域）づくりの一翼を担っているといえる。また、少子高齢化が進み地域のつながりも希薄になった現代社会において、例にあるような祭りやイベントなどで保育園が地域の集いの中心になれたら、また新たな役割が生じてくるのではないか。

④ 　また、地域との窓口に職員が立つことにより、保育園児たちが育つ地域をより知ることから刺激を受けることにより、保育の質の向上へと繋がっていく事例があった。家庭における保育・育児は、保育園での保育とは視点の違う知識や技術が必要となる。地域住民との関係づくりための話し合い、行事のプログラミングや広報の仕方、行政との関わり方等を実践する保育職員の経験は、必ず保育の質の向上へとつながっていく。

　このように、地域と保育園が共にメリットを受けることのできる、いい意味でしたたかな経営戦略が効を奏するのではないか。そしてこんな風に考えていくと、地域を大切にすることは保育園と職員を大切にする事と同じである、と思うのである。

　この調査を通して、各園のいろいろな立場や工夫や高い意識を知ることが出来た。今後も引き続き、保育園の状況に合わせた積極的な地域への取り組みを期待するとともに、保育園の専門性と経験を活かし、本事例の中から今ある課題に自園と共通する活動を選び実践すること、あるいは近い将来予想される超少子化や外国籍の子どもの受け入れ、子どもの見守りと安全・安心の地域づくりなど、新たな課題に向けて、できれば職員、法人、地域の園長会、行政、民生児童委員等を巻き込んで取り組んでいただくことを望みたい。

　結びに、アンケートに協力して頂いた民生児童委員さんに感謝するとともに、保育園との

よりよい関係づくりと、そこから始まる「子育てしやすい地域づくり」のためのご支援ご援助をよろしくお願い致します。

Ⅱ　助言者の考察

保育園と地域とのかかわりの現状と課題

〜地域に信頼される保育園としてのあり方を視野に入れて〜

白梅学園大学子ども学部
教授　師岡　章

はじめに

　『保育所保育指針解説』（厚生労働省編、フレーベル館、2018）は、序章において、保育所保育を実施する上での基本的な姿勢について、以下のように述べている。

> 「保育所保育は、本来的には、各保育所における保育の理念や目標に基づき、子どもや保護者の状況及び地域の実情等を踏まえて行われるものであり、その内容については、各保育所の独自性や創意工夫が尊重される。」（※下線筆者）

　このように、国は質の高い保育実践の展開など、充実した保育園運営を実施する上で、地域の実情を踏まえることを求めている。子どもは保護者や保育者だけでなく、地域の人々にも見守られる中で育つべきであることを踏まえれば、当然の指摘と言えよう。

　しかし、都市化や核家族化などの進行により、地域のつながりは希薄化している。こうした中、子どもが地域とのかかわりを通して育つことも難しくなっている。また、保護者も地域の人々から子育てに関する協力や助言を得にくい状況となっている。子どもの保育と保護者支援を業務の柱とする保育園として、こうした状況を改善することは急務な課題である。

　さらに、『保育所保育指針解説』は第1章において、保育所の社会的責任について、以下のように述べている。

> 「保育所が、地域において最も身近な児童福祉施設として、これまでに蓄積してきた保育の知識、経験、技術を生かしながら、子育て家庭や地域社会に対しその役割を果たしていくことは、社会的使命であり、責任でもある。」

　このように、国は保育園を地域において最も身近な児童福祉施設と位置づけた上で、在園する子どもの保育や保護者の支援にとどまらず、地域子育て支援など、地域の児童福祉に貢献することも求めている。児童福祉の専門職である保育士などがおり、なおかつ、児童福祉を遂行するための設備も有する保育園であることを踏まえれば、当然の要請と言えよう。孤立化や育児不安など、未就園の子どもを育てる保護者が抱える問題を改善するためには必要不可欠な役割と言えよう。

　ただ、在園する子どもの保育や保護者の支援に加え、地域の児童福祉に貢献していくことは容易ではない。こうした現状をどのように改善していくかも、地域に信頼される保育園像を確立していくためには、避けては通れない課題となる。

　東京都社会福祉協議会保育部会の調査研究委員会は、こうした課題意識のもと、2017（平成29）年度から２年間にわたり、東京都内の認可保育園を対象に、保育園と地域とのかかわりの現状と課題を把握し、地域に信頼される保育園のあり方を検討する作業を進めた。あわせて、児童福祉法に定める児童委員を兼ねる民生委員を対象に、保育園とのかかわりや保育園に対する要望などを把握する作業も進めた。

　こうした結果のうち、保育園を対象とした調査研究について、助言者としてかかわった立場から考察した上で、地域に信頼される保育園のあり方を検討してみたい。

１．大半の保育園は地域とのかかわりを重要視し、その取り組みを推進している。

　地域住民や地域の関係機関とのかかわりに関して、「重要視している」との回答が53.2％と最も多かった。次いで、「とても重要視している」が44.8％であり、この２つを合わせると98.0％となる。このように、現状、地域とのかかわりについては、大半の園が重要視していることがわかった。

　さらに、地域住民や地域の関係機関とのかかわりの有無についても、「かかわりはある」との回答が99.0％と大半を占めた。一方、「かかわりはない」との回答は1.0％と、地域へのかかわりに関して「あまり重要視していない」と回答した園と同数であった。

　このように、地域へのかかわりに対する意識のあり方が、地域のかかわりの有無に直結していることがわかった。

　なお、回答園を設置主体別、開設年別、規模別に見ても、地域とのかかわりに対する意識や取り組みの有無については同様の傾向であった。つまり、「公立」「私立」「公設民営」、あるいは開設年が「1960年以前」「1961～1980年」「1981～2000年」「2001～2010年」「2011年以降」の場合、さらに「小規模（50人以下）」「中規模（51～100人）」「大規模（101人以上）」など、保育園の特性の違いが、地域とのかかわりに対する意識や取り組みの有無に差とはならなかったわけである。まさに、東京都内の認可保育園の大半が地域とのかかわりを自覚し、実際にその取り組みを推進していると言えよう。

２．地域との接点のなさが地域とのかかわりのなさにつながっている。

　回答率としては若干ではあったが、現状、地域とのかかわりがない園に、その理由を聞いたところ、「地域との接点がない」との回答が80.0％と最も多かった。また、かかわる場合の条件についても「地域との接点」との回答が80.0％と最も多かった。具体的には、「開園したばかりのため、地域性がまだわからない。また、今年度は１歳児のみのため、関わり方が難しい」「４月に開園したばかりでまだ外部へ目が向けられていない状況にある」という状況が見られた。園を開設して日が浅いため、「地域からの要請がない」状況も見られた。

　ただ、地域とのかかわりがない園の大半も、現状を「改善したいと思う」「問題だと思う」と回

答しており、その必要性、重要性は自覚している。「予算確保が難しい」との回答はなく、経済的な理由で地域とのかかわりを持たないわけではないことを踏まえれば、園運営が落ち着けば、地域とのかかわりにも着手していけるだろう。地域との接点が持てれば、地域からの要請も情報として入手でき、具体的に取り組むべき内容もイメージできるだろう。

　このように、地域とのかかわりがない園の現状を把握すると、どんな取り組みをするかを検討する以前に、まずは地域と接点を持つことの大切さが浮かび上がる。

　ただ、地域とのかかわりがない理由として、「担当する職員を確保できない」との回答が 60.0％、「職員の負担が増える」との回答も 40.0％あった。また、地域とかかわる場合の条件として、「在園する保護者の理解」との回答も 80.0％見られた。こうした、職員体制の整備や保護者理解の推進は、現在、地域とのかかわりを推進している園にも見られる課題であろう。地域とのかかわりを推進する上で、課題となる点を自覚することは、実現可能性、あるいは持続可能性を高める上で必要なことと言えよう。

3．地域とのかかわりに対する自己評価は、私立園、2011 年以降の開設園、小模園では若干低い傾向が見られる。

　地域とのかかわりがある園に、実際の取り組みに対する評価を聞いたところ、「できている」が 70.0％と最も多かった。「とてもできている」と合わせると 77.3％となり、大半が自園の取り組みを高く評価していることがわかった。

　ただ、設置主体別に見ると、「とてもできている」「できている」の比率は「公設民営」が最も高く 81.3％、次いで「公立」が 80.2％であるのに対し、「私立」は 8 割を割り、75.1％であった。

　また、開設年別では「2001〜2010 年」が最も高く 89.4％であり、以下「1961〜1980 年」が 83.6％、「1981〜2000 年」が 82.8％と続き、「1960 年以前」も 8 割近い回答率であった。しかし、「2011 年以降」は 7 割を割り、69.9％であった。

　さらに、規模別では「小規模」が 78.3％、「中規模」が 77.8％、「大規模」が 76.8％と大差なく、おおむね 8 割近くの回答率であったが、「小規模」では「とてもできている」との回答は皆無であった。

　このように、地域とのかかわりに対する自己評価は、おおむね高い傾向にあるものの、私立園、2011 年以降の開設園、さらに小規模園では、若干、低い傾向が見られた。自己評価は謙虚さも含むため、回答率をそのまま各園の取り組みの充実度につなげることは慎重になるべきではある。

　ただ、私立園、2011 年以降の開設園、さらに小規模園の自己評価が若干、低い傾向にあることは、園の特性、あるいは条件の相違が、取り組みの質を左右することを示唆しているとも解釈できる。いずれの園も他園とは異なる状況、条件にある。だとすれば、地域とのかかわりも一律的な取り組みを想定することなく、各園の条件に見合った取り組みを模索していく必要があるだろう。

4．活動内容は多岐にわたるが、最も重視している取り組みは地域子育て支援活動

である。

　実施している活動内容について、選択肢として示した「未就園児の乳幼児への保育提供」「地域の保護者への相談・助言」「地域の子育て力向上への貢献」「世代間交流活動」「次世代育成支援活動」「地域の様々な社会資源との連携」「保育の内容に関する情報発信」「地域の行事や様々な文化との交流」「児童虐待防止活動」「危機管理の体制づくり」の10種類が実施率5割を超える状況であった。そのうち、最も多かったのは、小中高校生の体験活動や実習の受入といった「次世代育成支援」の92.5％であった。次いで、「保育の内容に関する情報発信」が87.9％、「未就園の乳幼児への保育提供」が85.4％、「地域の保護者への相談・助言」が71.5％となり、これら4つの活動内容が7割を超える高い実施率であった。ただ、「地域の保護者同士の交流」だけは43.7％と、唯一、実施率が半数を割り込む状況であった。

　いずれにしても、地域とのかかわりの具体的な活動内容は多岐にわたることがわかった。なお、「その他」として、町会の防災訓練や行事への協力、勤労感謝の集いや配食活動などの高齢者支援、小中学校及び大学との交流、就労支援、地域創成プログラムへの参画などの取り組みも見られた。

　その上で、実施している活動内容について、最も重視している取り組みを聞いたところ、「未就園児の乳幼児への保育提供」が最も多く28.1％であった。他の活動はすべて1割を欠ける状況であり、実施率が最も高かった「次世代育成支援」も代表的な活動内容としてはあげた園は7.3％に過ぎなかった。こうした中、活動内容の実施率としては、唯一、5割を下回っていた「地域の保護者同士の交流」は9.5％と、「未就園の乳幼児への保育提供」に次ぐ2位であった。続く「地域の子育て力向上への貢献」の6.7％と合わせると、保育園として最も重視している活動内容は、いわゆる「地域子育て支援」に関する活動であった。そして、「地域子育て支援活動」の主な協力・連携先は、自ずと「地域子育て家庭」となる。

　このように、地域とのかかわりとして実施している活動内容は多岐にわたるが、最も重視している取り組みは、「地域子育て支援」に関する活動であることがわかった。前述した通り、国は保育園を地域において最も身近な児童福祉施設と位置づけ、子育て家庭に対し、その役割を果すことを求めているが、保育園側もその点を自覚し、重視しているわけである。

　ただ、国は地域の子育て家庭への支援だけでなく、地域社会への貢献も求めている。今後、地域の祭りへの参画や外国人との交流といった「地域の行事や様々な文化との交流」、また、高齢者施設訪問や高齢者交流会等の「世代間交流活動」や災害発生時の対応や安全教育などの「危機管理体制づくり」といった活動をどれだけ取り組んでいけるかが課題となろう。そのためにも、地域子育て家庭だけてはなく、「社会福祉施設」や「行政・役所」「町内会等の自治会」「警察署・消防署」とも積極的に協力・連携していく必要もあろう。

5．地域子育て支援活動の実施内容や方法には共通点と相違点が混在している。

　地域とのかかわりに関して最も重視している取り組みである「地域子育て支援活動」は、実施内容や方法について、類似している面とバラツキが見られる面がある。

　例えば、「地域子育て支援活動」のうち、28.1％(142園)と最も回答が多かった「未就園の乳

幼児への保育提供」は、「単独主催」が 71.1％、活動実施の決定者は「園長」が 66.2％、活動の中心的な担い手は「職員」が 77.5％、主な対象者・参加者は「親子」が 90.1％、対象とする地域エリアは「園所在地の近隣」が 59.2％、活動場所は「園のホール・専用室・園庭」が 92.3％であった。つまり、大半の「未就園児の乳幼児への保育提供」は、園長の判断で取り組みが開始され、保育園単独で運営する中、職員が園内施設を使用して、近隣の親子を対象とした支援活動を展開しているわけである。

　一方、活動開始のきっかけは「行政の方針」との回答が最も多いが 34.5％にとどまっている。同様に、活動の開始時期は「2008〜2012 年」が最も多いが 26.1％、活動の実施頻度も「毎日」が最も多いが 34.5％にすぎない。活動 1 回あたりの対象者・参加者も「1〜5 人」「6〜10人」がそれぞれ 38.0％であった。さらに、1 回あたりの経費も「5000 円以内」が最も多いが 45.1％、活動経費の支出も「施設会計」が最も多いが 36.0％にとどまっている。つまり、活動開始のきっかけや開始時期、実施頻度、1 回あたりの参加者数、経費、経費の支出元の 6 項目については、園によりバラツキが見られるわけである。

　保育園はその特性、また条件により実に多様である。よって、「地域子育て支援活動」ひとつとっても一律的な取り組みを求めることは無理があろう。前述した通り、国も各保育園の独自性や創意工夫を尊重している。その意味で、バラツキは問題視するものではなく、各園が創意工夫するきっかけとすべきものであろう。また、類似している面を、自園の「地域の子育て支援活動」を見直す際の視点として活用することも一案かもしれない。

6．地域住民や地域の関係機関とのコミュニケーションのさらなる展開が期待される。

　園の取り組みの理解を図るための広報活動のうち、回答が最も多かったのは「ホームページに活動情報アップ」であった。ネット社会の進行を踏まえれば、自然な結果と言えよう。しかし、実施率は 56.5％と 5 割を若干、上回る程度であった。また、パソコンよりも普及が著しいスマートフォンなどを使った「SNS を通して活動情報を発信する」は 2.2％にとどまっていた。ソーシャルメディアの普及状況を考えると、こうした取り組みは今後、さらに充実させていく必要があるだろう。

　ただ、ホームページや SNS にアップした情報は、相手が自覚的にアクセスしない限り、把握されることはない。また、地域住民全てがネット社会に精通しているわけでもない。こうした状況を踏まえると、広報誌やチラシなど、紙媒体を使った情報提供も平行して重視していく必要がある。しかし、こうした紙媒体による情報提供は、定期的、または活動別の配布、設置ともに 3割程度の実施にとどまっている。こうした状況も改善の余地があるだろう。

　さらに、地域に信頼される保育園となる上で、重要な情報提供となる「自己評価の結果を公表する」については 8.3％にとどまっている。自己評価は実施するだけでも大変であり、その上で、結果の公表となると、負担感、抵抗感を感じる園もあるだろう。ただ、地域に信頼される保育園になるためには、地域の人々に、園が都合のよい情報ばかりを提供しているわけではないことを実感していただくことも重要となる。

　こうした地域の人々からの信頼を得るためには、広報活動だけでなく、フェイス・トゥ・フェイスでコミュニケーションを図ることも大切となる。現状でも、地域住民や地域の関係機関との

「話し合いの機会はある」との回答が64.2%あることを踏まえれば、今後、こうした話し合いの機会をより増やし、一方向的な情報提供にとどまらず、双方向のやりとりとなる情報交換・意見交換を期待したい。

おわりに

　地域に信頼される保育園になるためには、地域の人々と継続的に話し合いを行い、協力関係を積み重ねていくことが大切となる。在園する子どもの保育や保護者への支援に加え、こうした取り組みを展開していくことは大変ではあるが、地域との信頼関係を構築するためには不可欠なものである。

　また、地域とのかかわりを深める取り組みは、結果として園の保育をオープンにしていく機会ともなる。その意味で、地域に信頼される保育園となる取り組みは、「地域に開かれた保育園づくり」を進めることとつながっている、と言えよう。

　こうした意義を園長のリーダーシップのもと、職員間で共有していけば、困難さも乗り越えていけるのではないだろうか。保育の質のさらなる向上を願う園であれば、こうした取り組みを積極的に進めていけると思う。心より期待したい。

資料編

- 「地域に信頼される保育園になるための調査」調査票
  （保育園対象）

- 「地域に信頼される保育園になるための調査」調査票
  （民生児童委員対象）

- 東京都社会福祉協議会保育部会調査研究委員会名簿

東京都社会福祉協議会 保育部会 調査研究委員会

「地域に信頼される保育園になるための調査

～保育園と地域とのかかわり状況を把握する～」調査票

〈調査の趣旨〉

　都内の認可保育園および認定こども園で構成している社会福祉法人東京都社会福祉協議会 保育部会では、今期のテーマとして「地域とのかかわり」について調査することといたしました。

　認可保育園および認定こども園の地域とのかかわり状況や具体的な取組みについてお聞きし、①都内保育園および認定こども園の地域とのかかわりの見える化の促進、②地域住民とのかかわりのノウハウの共有、③地域における認可保育園および認定こども園の役割、等を検討したいと考えております。また、民生・児童委員向けに調査を実施し、外から見た保育所及び認定こども園の地域における役割について考えたいと思います。

　日々保育園業務でお忙しいとは思いますが、ぜひ調査にご協力いただきますようお願いいたします。なお、この調査票に記入していただいた事柄は、全て統計的に処理し、本調査以外の目的に使用することはありません。

【WEB回答フォームもありますのでご利用ください】

http://www.tcsw.tvac.or.jp/bukai/hoiku/

※上記 URL を入力するか「東社協　保育部会」と検索して下さい。

【貴園の概要について、下記にご記入下さい】

1. （　　　　　）区・市・町・村・島　　保育園名（　　　　　　　　　　　　　　）

2. 公立　・　私立　・　公設民営

3. 園周辺の地域の特性
　　住宅地帯　・　集合住宅　・　商業地帯　・　工業地帯　・　山間部　・　人口減少エリア　・　その他

4. 開設年月日　　西暦　　　　　年　　　　　月

5. 園児数（定員数）

０歳児	１歳児	２歳児	３歳児	４歳児	５歳児	合　計
名	名	名	名	名	名	名

6. 記入者についてお答え下さい。
　　園長（所長）　・　副園長・主任　・　副主任　・　担任　・　その他（　　　　　　　）

==

※東京都社会福祉協議会保育部会 調査研究委員会では、今回の調査結果を分析するにあたり、アンケートに回答していただいた保育園からヒアリングを行いたいと考えています。

　　○ヒアリングへの協力　　1. 可　能　　　2. 不　可　能　　　3. わからない

※本調査で使用する用語について
　・「地域の関係機関」とは、町会・自治会、社会福祉施設、行政機関、子育てサークル等のことを指します。
　・「かかわり」とは、日頃の挨拶などだけでなく、行事やイベントの参加、場所の提供、会議への出席等を指します。また、地域における公益的な取組に該当しない活動も含みます。

<u>問1　地域住民や地域の関係機関とのかかわりに関する考えについて、該当する箇所に〇をつけて下さい。</u>

1．とても重要視している　　2．重要視している　3．あまり重要視していない　4．重要視していない

<u>問2　地域住民や地域の関係機関とのかかわりの有無について、該当する箇所に〇をつけて下さい。</u>

1．かかわりはある ⇒ 問4へ　　　2．かかわりはない ⇒ 問3へ

問3　問2で「2. かかわりはない」と回答された方に伺います。

問 3-1　地域住民や地域の関係機関とのかかわりがない現状について、どのように考えていますか。該当する箇所に〇をつけて下さい。

1．問題とは思わない　　　2．問題だと思う　　　3．改善したいと思う　　　4．わからない

問 3-2　地域住民や地域の関係機関とのかかわりがない理由について、該当する箇所全てに〇をつけて下さい。

1．在園する子どもの保育と保護者支援に専念したいため
2．地域からの要請がないため
3．地域との接点がないため
4．対象者がわからないため
5．実施方法がわからないため
6．活動スペースがないため
7．職員の負担が増えるため
8．担当する職員を確保できないため
9．予算確保が難しいため
10．参加者確保の見通しが持てないため
11．近隣住民の理解が得られないため
12．その他（　　　　　　　　　　　　　　　　　　　　　　　　　　　）

問3-3　地域住民や地域の関係機関とのかかわりを実施する場合、重視したい条件は何ですか。該当する箇所全てに〇をつけて下さい。

1．在園する保護者の理解	5．実施方法の習得	9．予算確保
2．地域からの要請	6．活動スペースの確保	10．参加者確保
3．地域との接点	7．職員の増員	11．近隣住民の理解
4．対象者の明確化	8．専門担当職員の確保	12．その他（　　　　）

問3-4　その他、ご自由にご記入下さい。

※　上記問2で「2. かかわりはない」と回答された方は、これで終了です。ありがとうございました。

問4 問2で「1. かかわりはある」と回答された方に伺います。

問4-1 貴園が行っている地域住民や地域の関係機関とのかかわりの現状について、どのように考えていますか。該当する箇所に〇をつけて下さい。

1. とてもできている	2. できている	3. あまりできていない	4. できていない

問4-2 地域住民や地域の関係機関とのかかわりとして実施している活動内容を、「Ⅰ実施欄」に全て〇をつけて下さい。そのうち、代表的な活動内容1つに◎をつけて下さい。また、「Ⅲ協力・連携先」について、下記表より選び、数字をご記入下さい。 ※「Ⅲ協力・連携先」は対象ではなく、協力・連携先をご記入下さい。

Ⅰ実施欄	Ⅱ活動内容	Ⅲ協力・連携先
	A. 未就園の乳幼児への保育提供 （園庭開放、一時保育、出前保育等）	[ ]
	B. 地域の保護者同士の交流 （子育てサロン、子育て広場等）	[ ]
	C. 地域の保護者への相談・助言 （育児相談、療育相談等）	[ ]
	D. 地域の子育て力向上への貢献 （育児講座、育児体験活動等）	[ ]
	E. 世代間交流活動 （高齢者施設訪問、高齢者交流会等）	[ ]
	F. 次世代育成支援活動 （小中高生の体験学習や実習の受入等）	[ ]
	G. 地域の様々な社会資源との連携 （子育てサークル・ボランティア等）	[ ]
	H. 保育の内容に関する情報発信 （園だより、広報誌、ホームページ等）	[ ]
	I. 地域の行事や様々な文化との交流 （祭りへの参画、外国人との交流等）	[ ]
	J. 児童虐待防止活動 （要保護児童対策地域協議会での情報提供等）	[ ]
	K. 危機管理の体制づくり （災害発生時の対応、安全教育等）	[ ]
	L. その他 [ ]	[ ]

＜協力・連携先一覧＞

1.他の保育園・こども園	8.社会福祉施設	15.警察署・消防署
2.幼稚園	9.民生児童委員	16 医療機関
3.児童館	10.NPO、ボランティア団体	17.商店・企業
4.小中高大学等	11.子育てサークル	18.地域子育て家庭
5.保健所・保健センター	12.町内会等の自治会	19.一般住民
6.児童相談所	13.社会福祉協議会	20.その他（　　　　　　　）
7.福祉事務所	14.行政・役所	

問5 問 4-2 で回答された「最も重視している活動」について伺います。

問5−1 活動の名称をご記入下さい。

問5−2 活動の目的をご記入下さい。

問5−3 活動形態について、該当する箇所に〇をつけて下さい。なお「2．共催」「3．参加・協力」と回答
された場合、共に活動する組織・団体等を下記表より選び、数字をご記入下さい。

1．単独主催
2．共催（　　　　　　　　　　　　　　　　　　　　　　　　　　　）
3．参加・協力（　　　　　　　　　　　　　　　　　　　　　　　　）
4．その他（　　　　　　　　　　　　　　　　　　　　　　　　　　）

＜主催・共催先一覧＞

1.他の保育園・こども園	8.社会福祉施設	15.警察署・消防署
2.幼稚園	9.民生児童委員	16 医療機関
3.児童館	10.NPO、ボランティア団体	17.商店・企業
4.小中高大学等	11.子育てサークル	18.地域子育て家庭
5.保健所・保健センター	12.町内会等の自治会	19.一般住民
6.児童相談所	13.社会福祉協議会	20.その他（　　　　　）
7.福祉事務所	14.行政・役所	

問5−4 活動を開始した時期について、該当する箇所に〇をつけて下さい。

1．2013 年〜2017 年
2．2008 年〜2012 年
3．2003 年〜2007 年
4．2002 年より以前
5．わからない

※東京都民間社会福祉施設サービス推進費補助
制度（現名称：東京都保育士等キャリアアップ補
助金・東京都保育サービス推進事業補助金）が開
始されたのは 2004（平成 16）年度からです。

問5−5 活動を開始したきっかけについて、該当する箇所全てに〇をつけて下さい。

1．地域住民の要請
2．地域子育て家庭からの要請
3．法人の方針
4．職員からの発案
5．園長の発案
6．行政の方針
7．「地域子ども・子育て支援拠点事業」の開始
8．「東京都民間社会福祉サービス推進費補助制度」の創設
9．「子ども・子育て支援新制度」の施行
10．「保育所保育指針」の改定
11．その他（　　　　　　　　　　　　　　　　　）

問5−6 活動実施の決定者について、該当する箇所に〇をつけて下さい。

1．園長
2．法人理事会
3．区市町村所管課
4．その他（　　　　　　　　　　　　　　　　　　　　　　　　　　）

問5−7　活動を中心となって担う方について、該当する箇所全てに〇をつけて下さい。

1．園長	4．法人理事長・役員	7．区市町村所管課の職員
2．副園長・主任	5．在園の保護者	8．地域住民
3．職員	6．未就園の保護者	9．その他（　　　　　　　　）

問5−8　主な対象者・参加者について、該当する箇所全てに〇をつけて下さい。

1．未就園の乳幼児	5．小・中・高・大学生等
2．未就園の親子	6．近隣住民
3．未就園の保護者	7．その他（　　　　　　　　　　　　）
4．高齢者	

問5−9　活動1回あたりの対象者・参加者の人数について、該当する箇所に〇をつけて下さい。
　　　親子は親と子を別々にカウントして下さい。

1．1〜5人	4．16〜20人
2．6〜10人	5．21人以上
3．11〜15人	

問5−10　活動の実施頻度について、該当する箇所に〇をつけて下さい。

1．毎日	4．月1回	7．年2〜3回
2．週1回	5．月2〜3回	8．年4〜6回
3．週2〜3回	6．年1回	9．その他（　　　　　　）

問5−11　対象とする地域エリアについて、該当する箇所全てに〇をつけて下さい。

1．園所在地の近隣
2．園所在地の小学校区
3．園所在地の中学校区
4．園所在地の市区町村
5．その他（　　　　　　　　　　　　　　　　　　　　　　　　）

問5−12　活動場所について、該当する箇所全てに〇をつけて下さい。

1．園内ホール（遊戯室）	5．児童館・公民館	9．神社・仏閣等の宗教施設
2．専用室（子育て支援室等）	6．他の保育園等	10．社会福祉施設
3．園庭	7．小中高校等	11．医療機関
4．公園	8．商業施設内	12．その他（　　　　）

問5−13　活動1回あたりに要する経費について、該当する箇所に〇をつけて下さい。

1．5,000円以内	4．30,001〜50,000円
2．5,001〜10,000円	5．50,001円以上
3．10,001〜30,000円	6．わからない

問5−14　活動経費の支出項目について、該当する箇所に〇をつけて下さい。

1．施設会計	5．個人寄付
2．法人会計	6．区市町村（地域活動費、地域交流費等）
3．特別会計	7．その他（　　　　　　　　　　　）
4．共同募金等の公費	8．わからない

問5－15　活動を進める上で工夫している点について、ご記入下さい。

（記入欄）

問5－16　活動の成果（取り組んで良かった点）について、ご記入下さい。

（記入欄）

問6　活動内容の全般的な状況について伺います。

問6－1　地域住民や地域の関係機関に対して、園の取り組みの理解を図るため、どのような広報活動を行っていますか。該当する箇所全てに〇をつけて下さい。

1. 定期的に広報誌を作成し、在園児の保護者に配布する
2. 定期的に広報誌を作成し、役所・児童館・医療機関等に置く
3. 活動別にちらしを作成し、在園児の保護者に配布する
4. 活動別にちらしを作成し、役所・児童館・医療機関等に置く
5. ホームページに活動情報をアップする
6. SNS を通して活動情報を発信する
7. 口コミを期待する
8. 自己評価の結果を公表する
9. その他 ［　　　　　　　　　　　　　　　　　　　　　　　　　　　　　　］

問6－2　地域住民や地域の関係機関とどのような話し合いの機会をもっていますか。該当する箇所に〇をつけて下さい。

1. 話し合いの機会はある ⇒ 問6-3 へ　　　2. 話し合いの機会はない ⇒ 問6-4 へ

問6－3　地域住民や地域の関係機関との話し合いの内容について、該当する箇所全てに〇をつけて下さい。

1. 定期的に運営担当者会議を実施している
2. 活動の前後に運営担当者と打合せ・振り返りを実施している
3. 地域の自治会等に参加し、意見交換する
4. 市区町村所管課が組織する協議会に参加し、意見交換する
5. 保幼小等の連絡協議会に参加し、意見交換する
6. 要保護児童対策協議会に参加し、情報交換する
7. その他 ［　　　　　　　　　　　　　　　　　　　　　　　　　　　　　　］

問6－4　地域住民や地域の関係機関から信頼を得るために重視している事項について、上位3つに○をつけて下さい。

1．近隣地域の特徴や住民の声を把握する
2．地域の実情に応じた様々な地域子育て支援事業を展開する
3．自園の施設利用を推進する
4．園行事への参加を促す
5．保育方針等を情報発信する
6．地域の自治会等と協力し、一緒に地域の祭りなどを運営する
7．近隣の園と協力し、小学校と意見交換する
8．虐待防止のため、地域の関係機関と情報交換する
9．避難所を担うなど地域防災に貢献する
10．その他

問7－1　地域住民や地域の関係機関とのかかわりについて、今後の課題となる点をご記入下さい。

問7－2　その他、ご自由にご記入下さい。

※　以上で終了です。ありがとうございました。

平成30年2月14日（水）までに同封の返信用封筒にてお送り下さい

東京都内民生児童委員　様

社会福祉法人　東京都社会福祉協議会
保育部会長　　　城所　真人
調査研究委員長　橋本　富明
〔印章略〕

東京都社会福祉協議会 保育部会 調査研究委員会
「地域に信頼される保育園になるための調査
～保育園と地域とのかかわり状況を把握する～」
民生児童委員への調査・回答のお願い

　時下、ますますご健勝のこととお喜び申し上げます。

　都内の認可保育園で構成される東京都社会福祉協議会保育部会の調査研究委員会では、「地域に信頼される保育園になるための調査～保育園と地域とのかかわり状況を把握する～」を実施いたしました。

　今回の調査はより客観性を高めるために、初めての試みでありますが民生児童委員様にご協力を依頼し、内容を深めてまいりたいと考えております。

　つきましては、ご多忙の折誠に恐縮ですが、本調査の主旨をご理解いただき、調査の回答にご協力いただきますようお願い致します。

記

1　調査の主旨

　東京都社会福祉協議会保育部会では、平成３０年１月に保育部会会員園（１，３５０園）に対し、保育園と地域とのかかわり状況や具体的な取組み（保育園と地域とのかかわりの状況、地域住民とのかかわりのノウハウの共有、地域における保育園の役割等）について調査を実施しました。調査結果は現在とりまとめ中です。

　上記調査において、保育園が認識している地域とのかかわりを把握しておりますが、一方で地域から保育園がどのように認識されているのかも重要な視点です。そこで、地域で福祉活動を行っている民生児童委員の皆さまのご意見をお聞かせいただき、今後、保育園が行う地域への子育て支援を行う際の参考にさせていただきたいと考えています。

　日々業務でお忙しいとは思いますが、ぜひ調査にご協力いただきますようお願いいたします。なお、この調査票に記入していただいた事柄は、全て統計的に処理し、ご回答を本調査以外の目的に使用することはありません。

※裏面もご確認ください→

2　同封物
（1）「民生児童委員と保育園との係わりに対するアンケート調査票」調査票（両面）
（2）返信用封筒

3　回答期日　平成３０年７月３１日（火）までに同封の返信用封筒にてご投函下さい。

4　調査結果　調査結果は報告書にまとめ、東社協保育部会会員保育園、関係する機関等
　　　　　　に配布させて頂きます。本調査票に記入していただいた事柄は、全て統計
　　　　　　的に処理し、ご回答を本調査以外の目的に使用することはありません。
　　　　　　また、報告書が発刊しましたら回答いただいた方には調査結果をお伝えす
　　　　　　る予定です。

5　お問合せ　社会福祉法人東京都社会福祉協議会　児童・障害担当　保育部会事務局
　　　　　　162-8953　東京都新宿区神楽河岸１－１
　　　　　　TEL：０３－３２６８－７１７４　FAX：０３－３２６８－０６３５
　　　　　　E-mail：jido@tcsw.tvac.or.jp

民生児童委員と保育園との係わりに対するアンケート調査票

1、あなたの所属について、下記にご記入ください

    1・地区　（　　　　　　　　　　　　　）区・市・町・村

    2・性別　（　男性　・　女性　）

    3・年齢　（　40歳代　・　50歳代　・　60歳代　・　70歳代　）

2、最近１年間で連携した関係機関があれば番号に〇をしてください（複数回答）

    1・地域包括支援センター　　　　　2・医療機関

    3・社会福祉協議会　　　　　　　　4・福祉事務所

    5・小・中学校　　　　　　　　　　6・保育所・幼稚園

    7・保健所　　　　　　　　　　　　8・児童相談所

    9・子ども家庭支援センター　　　10・警察・消防

    11・障害者（児）相談支援機関　　12・連携した関係機関はない

    13・その他　（　　　　　　　　　　　　　　　　　　　　　　　　）

3、民生児童委員として地域で活動するなかで、地域住民から聞かれる保育園に対する要望があれば、番号に〇をしてください（複数回答）

    1・未就園の乳幼児への保育提供（園庭開放、一時保育、出前保育等）

    2・地域の保護者同士の交流（子育てサロン、子育て広場等）

    3・地域の保護者への相談・助言（育児相談、療育相談等）

    4・地域の子育て力向上への貢献（育児講座、育児体験活動等）

    5・世代間交流活動（高齢者施設訪問、高齢者交流会等）

    6・次世代育成支援活動（小中高生の体験学習や実習の受入等）

    7・地域の様々な社会資源との連携（子育てサークル・ボランティア等）

    8・保育の内容に関する情報発信（園だより、広報誌、ホームページ等）

    9・地域の行事や様々な文化との交流（祭りへの参画、外国人との交流等）

    10・児童虐待防止活動（要保護児童対策地域協議会での情報提供等）

    11・危機管理の体制づくり（災害発生時の対応、安全教育等）

    12・その他　（　　　　　　　　　　　　　　　　　　　　　　　　）

裏面もご回答をお願いいたします→

4、保育園が地域住民や地域の関係機関から信頼を得るために重要と思われる事項について、<u>上位３つ</u>の番号に〇をつけてください

        １・近隣地域の特徴や住民の声を把握する

        ２・地域の実情に応じた様々な子育てを支援する活動を展開する

        ３・自園の施設利用を推進する

        ４・園行事への参加を促す

        ５・保育方針等を情報発信する

        ６・地域の自治会等と協力し、一緒に地域の祭りなどを運営する

        ７・近隣の園と協力し、小学校等と意見交換する

        ８・虐待防止のため、地域の関係機関と情報交換する

        ９・避難所を担うなど地域防災に貢献する）

       10・その他

         [　　　　　　　　　　　　　　　　　　　　　　]

5、保育園と地域とのかかわりや保育園の今後の役割・課題等について、あなたが感じていることがあればご記入ください

ご協力ありがとうございました。

同封の返信用封筒に調査票（１枚）を入れてご投函ください。（切手不要）

締切日：平成３０年７月３１日（火）

127

東京都社会福祉協議会　保育部会　調査研究委員会名簿

（平成 29 年 4 月 1 日〜平成 31 年 3 月 31 日）

No.	地区名	保育園名	委員名	備考
1	墨田区	墨田区文花保育園	田中　潤子	
2	江東区	亀戸第三保育園	鳥海　福子	
3	渋谷区	渋谷保育園	伊吹　藤子	
4	豊島区	池袋第五保育園	加藤　富美江	
5	北区	清水坂つぼみ保育園	村社　順子	
6	立川市	柏保育園	五十嵐　禎子	
7	港区	赤坂ちとせ保育園	増田　優子	〜平成 30 年 3 月
			赤津　聡子	平成 30 年 4 月〜
8	世田谷区	ちきゅうのこどもほいくえん成城	岸　葉子	
9	渋谷区	本町きらきらこども園	森　綾子	
10	八王子市	多摩小ばと保育園	秦　清一郎	副委員長
11	八王子市	光明第四保育園	森屋　八千代	
12	立川市	見影橋保育園	森田　和子	
13	青梅市	かすみ保育園	築地　節子	
14	昭島市	福島保育園	岩﨑　守利	
15	町田市	小野路保育園	関野　鎮雄	副委員長
16	日野市	至誠第二保育園	高橋　紘	
17	国分寺市	浴光保育園	藤井　美樹子	
18	国立市	国立保育園	越後　智江美	
19	武蔵村山市	聖光三ツ藤保育園	秋山　由香	
20	羽村市	羽村まつの木保育園	橋本　富明	委員長

「地域に信頼される保育園になるための調査」

〜保育園と地域とのかかわり状況を把握する〜調査報告書

＊＊＊＊＊＊＊＊＊＊＊＊＊＊＊＊＊＊＊＊＊＊＊＊＊＊＊＊＊＊＊＊＊＊＊＊

発行日　　令和元年（2019年）5月
編　集　　社会福祉法人東京都社会福祉協議会
　　　　　保育部会調査研究委員会
発　行　　社会福祉法人東京都社会福祉協議会
　　　　　〒162-8953　東京都新宿区神楽河岸 1-1
　　　　　電話　03-3268-7171
　　　　　ＦＡＸ03-3268-7433
印刷・デザイン　　（株）美巧社